读者文摘
精华

（原创励志版）

当生活
不相信眼泪，
努力也疯狂

DUZHE WENZHAI JINGHUA YUANCHUANG
LIZHI BAN
DANG SHENGHUO BU XIANGXIN YANLEI
NULI YE FENGKUANG

张绛◎主编

北京工业大学出版社

图书在版编目(CIP)数据

读者文摘精华：原创励志版. 当生活不相信眼泪，
努力也疯狂 / 张绛主编. —北京：北京工业大学出版社，2016.11
ISBN 978-7-5639-4939-7

Ⅰ.①读… Ⅱ.①张… Ⅲ.①文摘—世界 Ⅳ.①Z89

中国版本图书馆 CIP 数据核字(2016)第 236118 号

读者文摘精华(原创励志版)·当生活不相信眼泪，努力也疯狂

主　　编：张　绛

责任编辑：石嬿飞

封面设计：壹诺设计

出版发行：北京工业大学出版社

　　　　　（北京市朝阳区平乐园 100 号　邮编：100124）

　　　　　010-67391722(传真)　 bgdcbs@sina.com

出 版 人：郝　勇

经销单位：全国各地新华书店

承印单位：三河市兴国印务有限公司

开　　本：880 毫米×1230 毫米　1/32

印　　张：8.875

字　　数：163 千字

版　　次：2016 年 11 月第 1 版

印　　次：2016 年 11 月第 1 次印刷

标准书号：ISBN 978-7-5639-4939-7

定　　价：28.00 元

当生活不相信眼泪，努力也疯狂

（代序）

　　有人问，生命是什么？打娘胎里出来的那一刻，注定了许多的不一样。不一样的生活，不一样的家境，不一样的理想，不一样的实现途径，还有不一样的璀璨或潦倒。如果人还能比，那比的结果只是徒增苦闷，何必去比？

　　生命本就是不同的，也不会是一帆风顺的。它就像丰富无比的自助餐，你选择什么，你的一生就会是什么。

　　跋山涉水的旅程，从来不缺勇于冒险的勇士。不去经历的人生，永远不懂得风险的宝贵。古往今来，多少成功人士告诉我们同一个道理：英雄不论出身，自古命运只掌握在自己手中。

　　一只手，握住的是一片蓝天，天黑了，还有夜空璀璨斑斓的星星。星星眨眨眼，没多久，天就亮了。

　　黑夜与白天总是相互交替的，没有亘古不变。黑夜转弯，白天来临。愤怒的转弯,白天是阴雨连绵;愉快的转弯,白天是晴空万里。

黑夜不可怕,怕的是人心里的畏惧。夜路走多了,鬼都熟悉了,人哪里还会再怕走黑路?只是怕心里没有阳光。

人生无常,生老病死,日暮途穷,落叶苍茫,如梦幻泡影。福祸相依,反思自己。

与其临渊羡鱼,不如退而结网。没有人是一帆风顺的,只有青涩年华里执着而拙劣的探索者。一步迈出去,不管风吹雨打,闲庭信步,坐看云起。

心,淡定看花开花谢,听雨水滴答落止。有信念的人,从不会觉得生活单调。

环境,永远不可能十全十美,落差很大。消极的人,或随波逐流,或淹没梦魇;积极的人,用力控制它,浴血奋战,扭转乾坤。

没有过去的落败、苍凉、孤苦,哪来未来的甜蜜、欢畅、普大喜奔?谁人的一生不发生一点小小的意外,哪里来那么多顺心顺意?

命,是自己造的。

魂,是自己修的。

青春,是美好的。

真正的青春,只属于力争上游的人,属于忘我奋斗的人,属于淡忘过去荣辱喜悲的人,属于勇敢向前的人,也属于永远谦虚的人。

　　长风破浪会有时,直挂云帆济沧海。在无数个晨光熹微里,静望水面明净,游鱼戏水,重峦叠嶂,茫茫人海,隔山重水。登高远望,尘烟袅袅,云海茫茫,光芒四射,温暖洋溢。

　　王国维《人间词话》里说:"古今之成大事业、大学问者,罔不经过三种之境界:'昨夜西风凋碧树。独上高楼,望尽天涯路。'此第一境界也。

　　"'衣带渐宽终不悔,为伊消得人憔悴。'此第二境界也。

　　"'众里寻他千百度,回头蓦见,那人正在灯火阑珊处。此第三境界也。'"

　　有梦想,做大事,从来不是轻而易举的。没有山重水复疑无路,就没有柳暗花明又一村。

　　过去的终将过去,将来的迟早会来。

　　不管生活给予我们的是什么,都是人走一世,必然所需接受的,无可逃避,无可自欺。

　　禅师说:"黄金是业障,我害怕得很。"

　　他把一箱黄金给了两个人。

　　一个留在那里守候,一个回去打菜。他们先防别人,也防对方。

　　留在树下的人,准备了棒槌,只等他回来,当头杀害。

　　回去带饭的人,准备了毒菜,只等他吃完,中毒身亡。

　　结果是,两个人都死了。他们是死在自己的手里。

　　两个渡河的人,一个没有盘缠,一个急着回家。

急着回家的把盘缠送了一半给对方,没有盘缠的欣喜道谢,发奋努力,多年后来报答此恩;急着回家的早已孤家寡人,他便认了对方亲人,两相辅助,和弦安悦。

命运,着实是一件不可思议的事情。

雨落,听风起。风起,闻花开。花开,待天亮。在不同的心思下,每个人演绎着不同的故事。只是颓废了的,短暂就萎谢;激励着的,长久而迷香。

困难,有时候不是外界赋予你的,是自己徒增的。有太多时候,我们无法沿着自己的想法顺顺当当地走下去,突如其来的荆棘会刺得你鲜血直流,但是只要坚持走下去,也许在相反的方向,也能走上一条志趣相反的路,并且一举成功。

最重要的是,不经历风雨,无法见到彩虹,要相信命运是一件不可思议的东西。

最重要的是,在一生中回头的时候,去看一看年轻时有没有全力以赴地发挥、追逐。

最重要的是,在跌入人生的谷底时,有没有反弹的意志力。

谁的人生没有风,没有雨?没有风雨的洗礼,就没有彩虹的斑斓色彩。

谁的人生没有懊恼过、挣扎过、后悔过?再去看看那些走过的路、望过的桥,走远了,天阔了。

谁的人生没有委曲求全过,没有噩梦缠绕过?梦醒了,折翼的翅膀,一飞冲天。

"光景不待人,须臾发成丝",让欲望提升你的热忱,让毅力磨平你眼前的高山。把每一天,当作世界末日来对待。希望这本书能给读者带来启发,让满满的正能量,燃起你曾经差点而没有完全泯灭的斗志昂扬。若只还剩下一点点力气,都请加油吧!努力的人,你一定行的!

目　录

第三章　爱也好,梦也好,把握当下才是最重要的

第四章　照亮你前行的那颗星星

第五章　记得与忘记被叫作人生

第一章

你想要的生活，只能靠自己去努力

　　都说命运总是眷顾爱笑的女孩，我却觉得幸运更是爱惜有志向的女孩，人生的那些风雨落不进她们的心里，历练中的苦楚也转变成了养分。她们在辛勤努力中追逐着梦想，将果实一枚一枚取入囊中。

那些自带光芒的姑娘背后,总有一份默默的努力

杨红鹰

总以为这是个"拼爹"、拼颜值的年代,那些人或年薪几十万、上百万,或嫁入豪门,或一路高升,或频频获奖,不是系出豪门,就是天生丽质。而平凡如我,即便拼却平庸,也难有所成就。却没想到,那些自带光芒的女孩,撇开背景和颜值的俗尘,曾经、现在也都付出了许多努力和艰辛,不为人所知。

收到元气小妞的短信时,已是夜半,短短几个字"姐,我买房了,在深圳",心里一阵暖流流过。想起几日前不语在电话里的声音"姐,我买房了,在还贷呢",她是在天津。这俩妮子大学毕业才三年,不靠颜值,不靠背景,打拼的步伐还真是一致,连买房也如此。

曾几何时,我固执地相信,这是一个"拼爹"的时代,也是一个看脸的世界。无论是远在天边的明星、名人,还是近在身边的同事、好友,几乎没人能打破这个铁律。收入丰厚的、赚钱轻松的、频频获奖得提升的,多半有着深厚关系、强大背景,抑或较高的颜值。

我甚至确信,这已沦为世人的执念。看看那些明知风险巨

大，还义无反顾地去整容的人就知道了。除了感叹世事不公外，更多的是无奈的妥协。对于多数人来说，能大学毕业、找个稳定工作而后结婚生子、买车买房的轨道，是人生首选，也是完满人生的标识，是谓标配人生。

可元气小妞和不语小妹都不这么认为。不语内敛，坚守一份执着。虽缘分来了不拒绝，应婚则婚，可该拼搏时一点也不松劲儿，婚姻怎么也成为不了懈怠梦想的理由。元气小姐则是典型的先苦后甜型，事业在前，享乐在后，因此，在一切没有到来前，免谈。

元气小姐是公司派给我的实习生助手。来之前，简历的光芒已刺得我眼疼。"三好学生标兵兼优秀学生干部""全国大学生文学作品大赛一等奖""优秀学生奖学金""特等优秀生奖学金""校十佳学生干部"……害得我看了好几遍照片，普通一人啊。

有点于心不甘，我再三跟人力资源部门的人打听，这女子是何方神圣推荐的，得到的回复是，自己找上门的，没有任何关系。这不科学。

见到元气小姐时，和看照片的印象差不多，就一枚长发弱女子。是的，她相貌很普通，让人很难相信她是如此受人瞩目。可是，很快我就觉察出了她的不一样。我分给她的活是下载网店里保健品销售的数据，步骤简单但是工作量很大。以往这活交给实习生至少一个月才能完成，可她，只一周，就完成了所有下载和统计工作。

　　暗中观察过好几次，之前实习生都爱停停歇歇，而她，是多半时间埋头忙活，偶尔喝杯热咖啡。除此以外，没什么不同，尽管数据量一点也不差。好奇地问她是怎么做到的，她淡淡地说，工作第一天，她花在寻找最快捷的方法上，先后试用了几种收录方式，根据测试的时间来确定最快捷的途径。之后工作就按着这个思路来，感觉事半功倍。

　　原来，她的努力，还包含了用心。

　　闲暇之余，我忍不住谈起了她的成绩。一个地区来的学生，这等优秀让我好奇。她说，入校起，就定好了大学的整体奋斗目标，过英语六级也好、考普通话等级也好，都是为争得理想的工作而奠定基础的。"大学生那么多，不显眼的话很难有优势。"她还计划，正式工作后，她会定好三年、五年的目标，而后生活将围绕目标相应展开规划。

　　果不其然，元气小姐直接舍弃了稳定的工作，去了更有挑战性的岗位。显然，她是奔着目标去的，每次折腾。她的三年目标是年薪 30 万元，五年规划是满足自己人生欲望清单，有钱有闲有情怀……这样的脚步，几乎是让自己以跳高的姿态来追寻人生理想，我暗自惊叹。要知道，现在就业大环境并不好。

　　光阴荏苒，离那次办公室谈话已过三载，我几次出差试图偶遇，都没成功。只能从她的签名，了解近况。她的动态一般是以

"DAY"计数的，比如"DAY30 加油学写授信报告，加油去上会计课，努力去把老板画的大饼真正吃到"，再比如"DAY17，处理了很多杂事，还是要恢复早起计划、阅读计划还有跑步计划，有压力才有动力！"看似轻描淡写，却有起伏，感受得到期望，听得见决心，更看得见汗水。

时至今日，我收到这个短信一点也不奇怪。我甚至觉得，当初那些话，从她的嘴里慢悠悠地说出来，掷地有声，成竹在胸。就好像接到不语的电话一样，我觉得一切就该是这个样子的，有目标，有智慧地谋划，有步步为营的进攻，还有最后的达成。

不语本是元气小姐介绍我认识的，她们是同学。因我对文学的狂热爱好远超过了本行，她就介绍了这位老师给我。我常在网上向她求教，她总会腾出时间指导我，不问回报，也是尊重我坚持不懈追求梦想的勇气和行动。

不语毕业后选择坚守专业，却不以专业为限。这样的界定，她总能处理得很好，似乎她的字典里没有"冲突"一词。无论是记者，还是编辑，还是策划，每项工作都和文学紧密结合，她同时经营起了微信公众号。

就这样，她从日报社的记者做起，其间几度辗转，做到了某国际科技公司的企业总监，兼 CEO（首席执行官），并当起了"北漂一族"。虽然工作换了几道，但是始终坚守着文学梦。

每次联系她的时候，不是在路上就是在做栏目，文章要写、栏目要编、要录音,忙到深夜两点多是家常便饭。顺带的,我总能听到一些好消息,微信号开通电台啦,微信平台入驻腾讯了,网易同步播出了,或者又加薪了,最近的是买房了。

不语不仅在北京生存了下来,还过得不错。唏嘘之余,我掰掰手指,算算她的光环,全国写作大赛一等奖,省区写作大赛一等奖,"金樟文学奖"……哪一样不是像星光一样耀眼,哪一样又没有默默一人的承担和努力。

就像看着两棵竹子拔节、长高,直奔向云霄。我欢欣地看到付出终有回报,两个小妮子不惧苦累、栉风沐雨、尽情奔跑,最后上天恰到好处地给她们一个大大的惊喜,对她们说 YES(是)。

都说命运总是眷顾爱笑的女孩,我却觉得幸运更是爱惜有志向的女孩。人生的那些风雨落不进她们的心里,历练中的苦楚也转变成了养分,她们在辛勤努力中追逐着梦想,将果实一枚一枚取入囊中。

"当能确定世上一切想要的东西都可以靠自己赚到的时候,会有一种很强烈的安全感。"元气小姐如是说。对她们而言,标配人生不是她们的菜,她们的心有多大,世界就会有多大。很喜欢元气小姐的一句话:"让懂的人懂,让不懂的人不懂,让世界是世界,我甘心是我的茧。"我想说:"播下种子,付出努力,她的故事就是你的故事,你也能破茧化蝶!"

为了你想要的明天拼尽全力

安雨

不要总是把眼光盯在别人成功的光环下,他们背后有着你看不到的负重前行。哪有什么天赋凛然,哪有什么云淡风轻,你不努力,就什么都没有。

我听到过很多自认为跌入了很烂的环境里,不知道该如何努力回归人世的朋友的抱怨。有的说想想自己考到这种烂学校就很想哭,想想就对不起父母,有的说想想自己这没多少钱还特别累的工作就绝望。到底该怎么办?如何才能找到出路?什么时候自己才能变得优秀?

我不知道别人是如何定义烂环境的,是因为学校建设不够美,还是老师差得不够为人师表?是因为同事智商不够高,还是社会地位都太低?我也不知道应该怎样安慰你,你就对自己的未来有信心了。

我也是从很一般的学校出来的,尽管大一入学时我也不太满意自己的学校。可我从两只脚踏进这所大学的大门后就明白了这件事:要想证明高考是个错误,要想证明自己不该是这种学校的学生,那就靠自己努力学习,全力以赴地学习,不光勤奋还要有吃苦的精神。那时候的我现在想起来,总觉得一定是被逼入了绝境,满脑子里根本没闲工夫跟别的同学一样去抱怨、去难过、去旷课,以及一门心思谈恋爱。意识里装满了都是正能量,每天跟高中生一个时差地起床,走向新一天的生活。

大学校友,一个和我同届学新闻的姑娘,很有女孩子的气质,瘦弱娇小,说话温柔似水,是那种我见了都想保护的人。实习那年,她和很多同学一起去了市报社,半年多的时间里,工作苦压力大,报社又不支付工资,也没有能留下来的承诺,所有人都走了,只有她没有离开。

她说,这是一个只要你拼命就不会不出成绩的岗位。

她现在的工资是她们组最高的,年薪让我羡慕得不得了。可透过数字,我能猜到这个外表柔弱的姑娘每天比别人多做了多少工作。

外出采访时,她一个人磨破嘴皮子又一个一个地寻找当事人;加班到半夜是常事,她就在包包里装着小袋辣椒粉防身。说这些时她云淡风轻,我却想象着如果发生在我身上,每一件都足以让我委屈许久。

我有个同学的姐姐,高中毕业,生活却过得让我们这群贫苦的大学生都羡慕得不得了。

那个姐姐自己开了一家茶社,自己供房贷,喜欢品茶论道,喜欢古装的打扮,喜欢背起书包就远行的生活,逍遥自在。

几年前入选了市摄影协会,摄影展上屡屡可见她的作品。

前段时间她还加入了太阳花志愿者服务队和一群年轻人前往山区支教。我在空间里看到她上传的照片,一大群青涩的孩子簇拥在她的周围,一张张笑脸就如同盛开在春风里的太阳花,明媚人心。

听说我要写励志文章,搜集故事素材,同学联系我说,一定得写写她姐姐,虽然她姐姐的事业不够发达,但她姐姐的生活态度是我们浮躁的年龄里没有的。

她说,姐姐高中毕业后就没有进入大学深造。开始的一两年里,听从父母的安排,在一家商场里做销售,过着朝九晚五的生活。这样的日子不会过太久便会被父母以父母之命、媒妁之言嫁了人,开始轮回的人生。

姐姐拿着足以养活自己的工资却怎么也不快乐,回到家里也没多少话可说,每天拖着疲惫不堪的身体回来睡觉。直到有一天,她毅然辞去了销售的工作,和父母大吵了一架后离家出走。用母亲的话说就是:离经叛道,放着好好的生活不过,非要出去瞎折腾。

姐姐出来后,在一家公司做一名小小的文员。看到周围的同事基本上都是大学学历,还不时能看到他们准备考研、考公务员的复习资料,姐姐有些心动,同时也有些忐忑。几经思考,她在网上报了自考本科的考试。白天上班,晚上回到出租屋里挑灯夜读。

本科学历拿到手后,她又不满足自己平淡如水的工作模式,报考了市里的教师资格证考试并取得了证书。然后回到小县城里的一所初中学校教学,每天伴着琅琅书声沉醉,在路过篮球场的时候,一排白玉兰在清晨里悄然盛开。她痴迷于诗句里的唯美风景,醉心于文字里的诗情画意。

同学说,这些年,姐姐几乎走遍了国内的河流山川。守望过天边的第一缕晨曦,攀爬过陡峭的山峰,跋涉过泥泞的田野,仰望过璀璨的星空,细嗅过江南的荷香等。

前段时间,看到这位同学的姐姐上传到空间的照片,西藏林芝。

这个我计划了三年都没去过的地方,那个宛如世外桃源的地方。她一身广袖流裙站在桃花缤纷中美得如同一幅水墨画,真是羡煞人也。

也许很多人会说,这些旅行有什么好难的。是的,它一点都不难,难的是你永远守着一个安乐窝,成天小心谨慎着,难的是多请一天假就担心老板扣工资,难的是你没有背起行囊说走就走的勇气。

看到了没有?这个同学的姐姐环境好吗?就像你认为的是烂环境,可是别人崛起了。开始坏没什么,只要结局是好的就够了。当一个人身处逆境或真正认为自己的环境很烂要崛起时,根本没心情在那儿哭哭啼啼,也没心思问来问去自己该怎么办。我的姐姐曾经跟我说过:之所以我们生活里充满了对它的抱怨和吐槽,都是因为我们的生活里没什么大事儿。倘若有大事等着我们去解决,怎么会有那闲工夫抱怨?

别人每周坚持在图书馆看一本书,你还在奔波于社团的活动;别人每天背一百个单词,你还在准备着补考的小抄;别人积极准备着毕业的去向,你还在被窝里想着还不晚。

当初你每周从没看过别人看的那些书,他们现在已经备考公务员了;当初你每天少背的一百个单词,别人已经申请了国外的学习交流生;当初你从没关注的就业趋向,别人已经顺利地进入了国企。

你还安慰自己说:"没关系,我只是机遇不好,也没有广阔的人脉,更没有殷实的背景。"

人啊,最害怕的就是你一生碌碌无为,还安慰自己平凡可贵。

不努力,永远只有砍不完的菜价,逛不完的地摊,就连结婚穿的婚纱都是租的,对着名牌奢侈品望尘莫及。

你埋怨自己没有一个有钱的老爹,抱怨自己没有一张漂亮的脸蛋儿,愤懑自己没有遇见一个霸道总裁。

拜托了,姑娘,别幻想了。父母给了你生命,不是让你抱怨出身的好不好,他们拼了老命地努力挣钱把你抚养大,你还嫌弃自己不是富二代。父母给了你基因,不是让你哀怨长得好不好看,中国有那么多的美女,又有多少是影视巨星? 你不是灰姑娘,更不是女主角,霸道总裁很忙的,哪有那么多的时间跟你偶遇,没准儿一个耽误,就损失上万。

别总是浮想联翩了,活得现实清醒些吧。不要把自己的姿态放得那么低,也别把生活想得那么糟,就像我上面提到的姑娘们,为了自己的生活,为了生活得舒服,你的每一分努力都是人生坎坷的柔顺剂,一定会是越努力越幸运。

不要总是把眼光盯在别人成功的光环下,他们背后有着你看不到的负重。哪有什么天赋凛然,哪有什么云淡风轻,你不努力,就什么都没有。

你缺少的,只是不要命的努力。信不信,他们可以的,你也可以。

荏苒年华，莫辜负了光阴

江丰桃云

也许，光阴就在你转身的时候，灿烂地开放了。那些你以为可以等待，可以经年之后依然不变更的人或事，丢丢转转间，早已不复当初的模样。

记得周星驰有句台词是这样讲的："曾经有一份真挚的爱情摆在我面前，我没有珍惜，直到失去后，才知道后悔，人生最大的痛苦莫过于此。……"亲爱的朋友，在你的生命年华里，有没有令你觉得后悔或是遗憾的事情呢？

我有一位好友，名叫张子轩。他是一个思维反应很慢的人，每次和他交流时，都会有许多意外的问题产生。你说东，他说西。一个原本轻松好笑的故事在他那里就会变成悬疑死板的故事。

因此，他很光荣地获得了一个外号，"张井"，横竖都是"二"（傻子的同义词）的意思。对此，他倒是不生气，只是意味深长地回我们："哥是有内涵的人。"

别看他有些傻傻的，他可是班上最爱学习的人。每天第一个到教室，会主动帮老师把黑板擦干净。上课的时候，一边记笔记，一边冥思苦想。当老师问还有谁不懂的时候，他总是第一个举手提问。可不管老师怎么解释,他都表示不理解。

每次上课,我都是在和周公约会中度过。可只要一醒来,就会被他追问老师上课时重复过的知识点。我只好认真看看书,再给他仔细讲解起来。

尽管我经常上课睡觉,考试却总能排到全班前三名。所以,他很是羡慕我。他常说:"宋,我很羡慕你,你简直是个天才呀!但是别骄傲,有一天我一定会超过你的。"我一时来劲,脱口而出:"好,我们重点高中见。"

中考成绩出来后,我超常发挥,成绩超出市重点高中录取分数线一大截。他则名落孙山,很不理想。由于舍不得离开家,我放弃了市重点高中的就读机会,选了县里的一所高中就读。没想到,他也进了这所高中。

在高中三年里,他还是没有变,反应上依然慢别人半拍,唯独学习上更加努力了,常常用午休时间背诵"政史地"。周末也把自己关在家里,拼命复习做题。

我多次劝他不要那么拼命,他却说:"没有翅膀,所以我只能努力奔跑了呀!况且三年的光阴转瞬即逝,不能白白辜负,多年以后的我,一定会感激现在如此拼命的我!"

听他像唐僧一般地碎碎念,真想回他一句:"张二,你吃错药了吧?"可看他一本正经的模样,我就把到嘴边的话活生生地吞到了肚子里,继续没心没肺地游玩度日,上课睡觉,周末看无聊的小说,到考试的前夕,才开始废寝忘食地温习功课。

　　说来也怪,就这样的虚度光阴,自己每学期的成绩居然总能保持在全校前 50 名内,这样下去的话,上普通一本院校是没有问题的。所以,想到此,我便心安理得地过了三年。

　　日子一晃,就到了高考。

　　成绩出来后,我后悔了。我居然和好友一样的分数,并且也只能选省内二本院校念大学。

　　后来,我们又很巧地念了同一所大学。

　　想起他曾经说的话,我不禁哑然又自责。如果当初自己好好珍惜光阴,和他一样努力学习的话,可能会换来另一个结果。

　　然而,生命的年华,在每一个阶段都是很关键的。它不会为了谁停留或等候,你关注它时,它在走,你不关注它时,它也在走。它是公平的,它又是残忍的。对于珍惜它的人,它会回之以微笑;对于漠视它的人,它会给予血的教训。

　　大学里,我谨记了高中的教训,发誓绝不浪费光阴,开始了拼命看书学习的日子。不仅积极参加校内外一切活动,还认真听课,每年都拿到学校的奖学金,也获得了不少荣誉。

　　本以为我会一直这样沾沾自喜到毕业。直到遇到鹏哥,才知道我又错了。

　　鹏哥,是我们系的一枚奇葩,原本 20 多岁的年纪却长着 30 多岁的样子。常常抽着烟,吐着烟圈,在一阵又一阵烟圈中,故作深沉地感叹道:"哥抽的不是烟,是寂寞。"

每次出现,他一定是开着一辆路虎车而来。大家都叫他鹏老板,因为他在外面开了一家咖啡厅和两个辅导机构。虽然自己有多科成绩挂了红灯,他却毫不理会,常常以一个老大哥的模样给我们洗脑,"男人嘛,事业最重要,挂几个科,有啥害怕的,补考过了就行了呗!"

而他也颇有老板风范,在外吃饭都是抢先埋单。遇上同学生日,也是他提前在外购好物品,用自己的车运回学校,我们再将其搬至宿舍。

他喝酒特别豪爽,总是拿着瓶子就干,还特别爱夸下海口:"以后你们毕业了,要是没有找到工作,就来找我,我保你们吃香的喝辣的。"

我们就随声附和,"鹏哥,以后就靠你了。"他听后,很爽朗地大笑起来:"好说,好说,谁叫我们是兄弟呢!"

可我们还是很好奇,为什么他年纪轻轻就会有如此成就。有一次,趁着酒劲,他终于回答了这个问题。

他说:"人的一生,本来就很短暂。如果不在有限的生命里有所作为,岂不是白活了一趟?人,最重要的敢拼敢闯,不能因为一时的小挫折就止步不前,你也只有无畏地穿过了无尽的黑暗后,才能看到前方的曙光与朝霞。"

这一次,我才真正明白。

光阴,对于每个人都是公平的。你若好好利用了它,就有可能收到芬芳满园的果实;你若抛弃了它,就一定会落得个一无所获的结果。许多人,总是想当然地认为自己的光阴还很漫长,自己还有很多的时间和精力去处理未来的生活。

可殊不知,光阴就在你转身的时候,灿烂地开放了。那些你以为可以等待,可以经年之后依然不变更的人或事,丢丢转转间,早已不复当初的模样。

在生活面前,不要只去回味往事,不要只去空想未来。我们的人生经不起等待和空想,活在当下是重要的,可茌苒年华,去珍惜当下的光阴才是最重要的。

亲爱的朋友,我们每个人都有属于自己的梦,每个人也都只有这短暂的一生。如果在可以去奋斗的年华里,我们没有好好地去珍惜和利用,那么,当有一天,我们幡然醒悟时,即便还有雄心满怀,可回头已是百年身,我们除了空悲叹和泪流满面外,还能做什么呢?能回到过去重来一次吗?你愿意面对这样的画面吗?如果不,何不从此刻起,快快去珍惜光阴,耕耘那最初的梦想呢?

那些时光带不走的都叫作回忆

朱海兰

有些爱付出后从来没有想过回报,有些情真诚到让你一生温暖。它教会你如何面对生活的挫折与磨难,它用一颗宽容的心,原谅着你所有的过错。那些牵挂被那个爱你的人用目光在你的脚下织成了一根长长的线,不用回头望,你就知道幸福一直伴在身边。

重回故地,雅雅深吸了一口这个美丽城市的空气,芳菲四月天的花香立刻扑鼻而来。而那个在自己内心思念了千百次的身影,也在眼前越发明朗了起来。

迈下车站的最后一个台阶,雅雅放眼望去,这个城市与几年前的变化并不大,只是自己提着行李箱离开时,车站出口处那株法国梧桐树好像比几年前粗壮了一些。自己离开时,是一地落叶,而现在却是满树的梧桐花开。

"唐雅,真的是你吗?"就在雅雅举目望着这个既熟悉又陌生的城市时,那个在自己耳边不知道回响了多少次的富有磁性的男中音,就这样突然在自己的耳畔呈现。雅雅收回望向远方的目光,望着像是从天而降的眼前人,有泪水迅速浸满了雅雅的眼睛。

从坐上动车那一刻起,雅雅的心里就在策划着一千个遇见的方式,可最意想不到的遇见方式却是这样的。是的,站在雅雅面前的,就是雅雅的初恋情人——卢清。更让雅雅意想不到的是,这次卢清是代表乙方公司来接人的。

没想到,一对曾经的恋人,以这样的方式相见。雅雅看到卢清的眼眶里,也有温热的泪水流出。

往事,如决堤的洪水,汹涌而来。

六年前,大学刚刚毕业的雅雅来到卢清所在的城市实习。卢清是雅雅部门的经理,对独自一人在外打拼的雅雅非常照顾。雅雅望着卢清的能干和他的言行举止的稳重与大方,自然而然地对卢清产生了好感。就这样,一对年轻人恋爱了,两个人爱得简单而又快乐。

这个城市的角角落落,都曾经洒下他们的欢声笑语,在雅雅心里,只要有卢清在的地方,就是幸福围绕的地方。而卢清总是变着法儿地逗雅雅笑,哄雅雅开心。雅雅最爱吃可乐鸡翅,本不会做饭的卢清,却买来食谱,看着食谱上的步骤一步一步地学着给雅雅做可乐鸡翅吃。雅雅爱吃栗子,记得一次,卢清为了给雅雅买一份糖炒栗子,竟然跑了大半个城市。

两个人以为,只要有爱情,他们定会相守一生,可浪漫终究没有抵过现实的伤。就在雅雅实习期满,把自己恋爱的事情告知父母,并对父母说准备留在卢清的城市工作不久后,在家身为独生女的雅雅,在爸爸一个妈妈生病住院的电话里,乖乖提着行李箱回到了父母的身边。从此,两个人各自天涯,再没有生命的交集点。

最初雅雅拒绝着父母给自己找的所有工作和安排的每一场相亲,她一心想回去找卢清,可卢清像是人间蒸发了一般,连一个电话都没有。雅雅知道这是父母从中作梗,所以她从内心更加怀恨父母,可孝顺的雅雅却又不敢当面顶撞父母,因为那时,母亲的身体真的很差。

雅雅现在的老公是她所在城市消防大队的大队长,雅雅最后所以同意相亲和结婚,是因为母亲的突然去世。雅雅望着一夜之间愁白了头的父亲,从内心无奈地苦笑了一声,命运既然如此安排,我已无力挽回。

饭桌上,雅雅是甲方代表,卢清是乙方代表,谈判双方没有任何悬念地就把项目搞定,以至于雅雅打好的腹稿、一系列的应对词都没有来得及说,双方的合同就签了下来。接下来三天的时间,卢清说要好好陪陪雅雅,陪她在这个城市好好转转。雅雅望着卢清目光里的深情,不用猜,她也知道,卢清要陪她重走两个人曾经一起走过的路。

雅雅的心是兴奋的,卢清的心也是兴奋的。当两个人从酒桌上下来的时候,卢清帮雅雅打开了车门,然后趁着夜色的安静,两个人在这个城市里转悠了起来。转着,转着,就来到了他们两人曾经一起工作的公司的那条路上, 雅雅指着不远处的一家超市说:"卢清,这家超市是不是有家我们过去一起常来吃凉面的馆啊?"卢清点头:"你还都记得啊?"雅雅:"把车停下来,我想在这条路上走走。"

一双影子交叠向前, 雅雅的内心如翻江倒海一般地疼痛了起来。卢清向前轻轻握住了雅雅的手:"一切都还好吗?我的心没有变,从来没有改变过。"雅雅的手禁不住就抖动了一下,不知道自己是回答好,还是不好,最后问卢清道:"为什么?"

卢清听到雅雅的问话,显然是愣了一下,回答说:"我去找你的时候,你在医院,是你的爸爸把我阻在了门外,然后当他带着我来到医院的时候, 望着你和你的男朋友携手照顾你妈妈的身影,我知道,我们的爱情输了,输给了距离与时间。"

两个人沉默着一直走到了他们原来单位的门口, 可惜昔日那么强大的一个公司,短短几年里,却更名换姓了。两个人默默地站立了许久,雅雅终于先开口说话:"我们回去吧,有点累了。"

坐在车内,雅雅望着繁华的夜景从自己身边一掠而过,而忧伤却一层又一层地向自己席卷而来。身边的这个人,与自己曾经爱得如此刻骨铭心,为什么再见,心灵与心灵之间却是如隔了一堵墙一般,再难以彼此融入、走进彼此,真的是时间与距离让爱变得遥远,还是当初爱得不够坚决与彻底?

就在雅雅把思绪放飞的时候，车子到了雅雅住的酒店，卢清停下车，帮雅雅打开了车门，并顺手接过雅雅手里的包，想送雅雅进房间。结果雅雅把包又拿到了自己的手中，对卢清说："我自己上去吧，事情没有想到会这样顺利，我明天想回去。"说完，转身上楼。

卢清望着雅雅的身影，内心的话冲口而出："唐雅，我还是单身呢！"雅雅停住自己的脚步，没有回头："有些爱，错过了，就是一生的陌路。有些缘分，注定只是擦肩。"

青春岁月里，时间会把你所渴望的美好安排给你，却又让你在面对现实的时候错失，这些缺失或者遗憾终将成为你生命长河里那个只要动一下心念就会跳起来的水滴。回头去看，才知道那些时光带不走的都叫作回忆。感谢在来来往往的人群里，让我们有了亲情、友情与爱情之缘，感谢人生路上与那些缘浅的人有一次擦肩。留下点点滴滴，心存美好，幸福相绕，让我们的人生变得丰满。

任性不可怕，可怕的是没有任性的资本

红素清

亲爱的，潇洒不羁的背后有一份赤诚的勇气，光鲜亮丽的身后有一份难得的坚持与努力，那些活得很任性的人都有这些最起码的资本。如果你还没有，就别再浪费时间抱怨了，尤其是生你养你的双亲。你要记得：任性不可怕，可怕的是没有任性的资本。

所以，从今天开始，拾起所有可利用的时间去积累资本吧！

1

前段时间，我陪主管面试一个女孩，人长得特水灵，专业能力极强，让人不禁心生喜欢。本以为她会被录取，却不想卡在了最后一个问题上。

主管有个名曰"矛盾体"的绰号，其由来就是：他一边是个典型的人才控，总是恨不得将全天下的全部有志之士招揽到他麾下，一边又有一个反其道的习惯，每次遇到特殊人才，总会在最后问一句："你这么优秀，完全可以到一个更好的公司，为什么要选择我们这里呢？"

女孩就是被否定在这个问题上，她当时的回答是："还不是因为我父母,他们非要我在离家近一点的地方工作,不然我早就去寻找属于自己的诗与远方了!"

主管的脸当时就黑了下来,将女孩的简历放到一边,我为女孩惋惜,她真的特别适合这份工作。

原以为这件事就这样结束了,主管会在其他的面试人里考虑这个职位的人选。不想一周过去,那个职位依然空缺。

一次,去给主管送资料,无意间看到他拿着女孩的简历出神,以为他在为之前的决定后悔,便上前劝慰一句:"其实这个女孩真不错的,或许只是偶尔说话任性了一些而已!"

主管叹了一口气,极其认真地对我说:"任性不可怕,可怕的是没有任性的资本!"

2

后来才知道那一周的时间,主管调查了不少关于女孩的信息。据说她的父母是靠卖豆腐维持生计的,每天起早贪黑,忙忙碌碌,只为满足女孩优质的生活。

女孩吃穿用的非名牌不可,经常外出旅游飞来飞去,家里的纪念品堆成小山,偶尔看哪个不顺眼,随手便从窗户扔出去,仿佛那些都是废纸团换来的。

关于"如果不是为了父母,我绝对不会……"这样的抱怨,我听过很多。起初每每闻之,心里还会为那些年迈的老人抱不平,觉得他们一辈子的辛苦操劳换来这不可理喻的埋怨实在不值,后来已渐渐麻木。

主管说有本事任性的人,一定在争分夺秒地任性;没本事任性的人,才会浪费时间去抱怨。

我非常赞同主管的话,如果女孩有足够的资本,她现在应该在诗和远方的路上。

仔细想想,这个世界上像女孩一样的人还不少。他们一边抱怨父母干预过多,一边拿着父母的血汗钱肆意挥霍;一边抱怨工作无聊,一边无聊地做着工作;一边躺在床上刷手机屏幕,一边羡慕着别人任性的生活。

他们能找出上百个自己无法任性的借口,却意识不到一个和自己有关的理由,他们有时间抱怨,有时间找借口,有时间看娱乐节目,却没有时间去反思尝试。他们不知道任性是需要资本的,而那些资本的给予者只能是自己。

3

记得初入大学时,最值得骄傲的事情就是我们班出了一位全校的女神。那个时候无论走在校园的哪个角落都能听到有关对女神的赞美,每次听到我们都仰起头,巧笑倩兮,自豪得不得了,仿佛那些用在别人身上的言论都是和自己息息相关的。

女神叫小方,五官精致,声音委婉,成绩优异,说话极具诗意,一身的名牌标志,看起来和这所不入流的大专院校格格不入,我们每个人对她都只有仰慕。

"你们说这么优秀的女孩为什么要到这所不起眼的学校上大学呢？"当这一声惋惜从一片赞美声中脱颖而出时,每个人都开始关注这个问题,更有甚者挖出了小方的高考成绩。她的分数虽然不是很高,但是完全够得上本科分数线了。

一时,无数猜测涌了出来:有人说她是情场失意,受了刺激;有人说她是对这座城市情有独钟,也有人说……所有的流言蜚语终于在一次同学聚会中被打破。

虽然我早已忘记是哪位同学开口问了"你这么优秀,为什么要选择这所学校"这个问题,但是却清晰记得小方的回答:"还不是因为我的父母,他们非要让我留在这座城市里,若不是为了他们,谁愿意来这所破学校！"她的这句话配上那高傲和不屑的神情,使我心目中她的女神形象彻底破碎了。

在我心里:女神即使被人抛弃,也会心怀感恩;即使站在云端,也不俯视他人;即使满身尘埃,也能开成花海。

4

学生时代的我有这样一个不成熟的坏习惯:若不喜欢一个人的一点,就将关于他的一切全部屏蔽。所以,那次聚会之后,我不再参与到任何和小方有关的讨论和活动中。

可令我没有想到的是,我会在寒假打工的队伍中遇到她。这支队伍大多是一些家境贫寒的学子,为了给家人减轻一些负担,他们才不得已舍弃春节的团聚。

看着笑意盈盈的小方，我有些惊愕，还没想好要说什么，她已经率先开口，"终于说服了父母，总算可以任性一次，做一只百灵鸟，在自由中婉转歌唱了！"她从来都不曾主动和别人说话，这一次竟然喋喋不休起来，心里的兴奋可想而知。我莞尔一笑，想来她可能真的是被父母管教太严了吧，可是不一会儿我的这个想法就被否定了。

"我已经查过了，咱们去的那个地方离世界之窗和欢乐谷不远，离大梅沙也就三四个小时的车程……"一路上，她几乎没有停歇，说的全部都是和游玩有关的事宜，有的地方很多人甚至连听都没有听说过。

我从来不觉得一个人多出去走走是一件不好的事情，但是前提是你拥有能够负担得起的相应资金。曾经几次做过学生工的我清楚地知道，在工厂里工作是多么痛苦的一件事。一天十几个小时，重复着同一个动作，其间的索然无味是用语言无法形容的。

很多次我们都觉得自己无法坚持，但是看看身边那些长期工，想想结束后可以拿着自己挣来的钱肆意地吃一顿大餐，可以买自己看了很久都不舍得买的衣服，可以去那个自己向往已久的地方看一看……我们还是坚持下来了。

看着小方那般欢快，我心里隐隐有些担心，怕她会坚持不下来。只是面对那么爽朗的笑容，我们谁也不忍心拿残酷的现实将它打断。

5

这一次我们去的工厂稍大,小方并没有和我分到一个地方,所以平日里也没有什么交集。开始留意她是在除夕那个晚上,那天是我们在那里最开心的一晚,我们所有人集中在一起,包饺子、看春晚……西单女孩的一首《想家》唱哭了我们在场的很多人。

不知为什么,在看到大家眼泪的那一刻,我突然想起了小方,不知这个从未出过远门的女孩是不是也百般伤心呢?四下张望,却不见她的人影,起初以为她是熬不惯夜,睡觉去了,也未曾在意。

不想却在回宿舍的路上听到同伴提起她,"你知道吗?听说小方早就回去了!"我顿住脚,在心里微微叹了口气。同伴继续说着小方的事情,"我听和她在一起的同学说,她只上了一天的班就受不了了,装病请了假,自己跑出去玩了几天,带的钱全部花光,最后又哭着给家人要了路费才回去的!"

同学说到这里,无比惋惜地叹了一口气,"哎,听说她连衣服都不会洗,走了之后,床铺下面还压着脏袜子和内衣呢!"说完这一句,同学已经由惋惜转为羡慕,"有钱就是任性啊!"

闻言,我轻轻一笑,聚会时小方的神情和话语再次浮现在脑海里,"还不是因为我的父母,他们非要让我留在这座城市里,若不是为了他们,谁愿意来这所破学校!"

看，她是有钱，但并不任性，因为她还是来了一所自认为很破的学校。

6

世界这么大，我想去看看。

去年的四月份这份辞职信在职场和网络上轰动一时，任性两个字也随之潇洒而来。很多人被隐藏的激情也重新燃起，告诉自己也要去看看世界。

然而，激情还未来得及实现，一副装满现实的对联又横空而来，上联：世界那么大，我想去看看；下联：钱包那么小，谁都走不了；横批：好好上班。

接下来便是声声哀叹。有人说不能去看世界是因为没钱，我不知看世界究竟需要多少钱，但我知道很多有钱人也不曾去看过世界。

有些时候，有些决定，无关金钱，只需勇气。

亲爱的，潇洒不羁的背后有一份赤诚的勇气，光鲜亮丽的身后有一份难得的坚持与努力，那些活得很任性的人都有这些最起码的资本。如果你还没有，就别再浪费时间抱怨了，尤其是生你养你的双亲。你要记得：任性不可怕，可怕的是没有任性的资本。

所以，从今天开始，拾起所有可利用的时间去积累资本吧！

向生命里的荆棘说声谢谢

玉凡瑶

或许磨难并不只是厄运,有的时候,它是一种幸运,是人生的一种难得的锻炼契机。一次磨难,就将获得一次人生的亮丽,如同月穿云层后,光华更加照人。

懵懂的年华里,她也曾哭过、笑过,但是第二天太阳还是会从东方升起,温暖着她的每一份心情。曾一度以为这就是生活,简单而又温润。直到此刻她才知道,这样的想法有多么幼稚,而成长才刚刚开始。

假若人生是一尊雕塑的话,那么磨难就是一把锋利的雕刻刀。也正是这把刀在青春里横冲直撞,或不停地细心雕琢,才雕出了一尊人生美丽的雕塑。只是忙于赶路的梦菲,还不曾明白生命的意义,就已经疲惫,伤心碎了一地。

1

冷冬的天,紧裹着外套,此刻,梦菲走在刺骨的寒风里,没有目的,只是随心放逐。

路过街心那家熟悉的花店门口,远远地,玻璃窗里的花儿开得正艳。可她的心却早已雨湿芭蕉，一朵朵娇媚，招摇着，却都无法折过门框，滋生到她的心里，开成春天的模样。

上个月，因经济大潮的席卷，她竟失业了，成了一个无业游民。二十七岁，人生的精彩才刚刚开始，还没有施展拳脚，公司便将她变成刀俎上的鱼肉。

所有的一切努力白费，一切又回归到了原点。可命运并没有就此怜惜她，而噩梦才刚刚开始。就在她情绪还没有平复的时候，一场突如其来的车祸，竟夺走了她的母亲，世上唯一的亲人。

砰！她中弹了，倒在了来时的路上。

此刻，梦菲一脸的痛苦，生活太过不易，让人看不见希望，如那西落的太阳，苟延残喘。

我们都不喜欢遗憾，电影都要挑大团圆的看。可事实又是怎样呢？海棠无香，《红楼》未完，原来这才是生活。

见花店门上挂着一个牌子，上面写着，感恩节将至，特别礼物奉送。一时间，她脸上闪过一丝的冷笑，当人身陷低谷的时候，这个世界还有什么值得感恩的？

"感恩什么呢？感谢公司，让我又重新获得就业的机会？感谢那位撞到我，让我失去母亲的司机？"藏不住嘴角嘲讽的味道，梦菲推开了花店的门。

"您好，是要为感恩节买花吗？"店里芬芳扑鼻，热情的女店主曼云，对着梦菲一脸的灿烂。

"对不起,我没什么可感恩的。"看着那些盛开正艳的鲜花,她的脸苍白无色。

"有什么需要我为您服务的吗?"

"看看,不可以吗?"

惊愕!平日里,她是不会这样讲话的,冷漠而又无礼。或许此刻,她的确不需要买花,她只是想找个地方,找个出口,释放那压抑在心里的烦闷与痛苦。或许她只是需要一只耳朵,一只可以倾诉的耳朵,不管是谁。

不想买,可又为什么要推门进来? 这一点,连梦菲自己也搞不明白。

2

"来者是客,都有礼物相送,请稍等一下。"

远远地,曼云有着一股恬静的气质,说话温文尔雅。此时,她走进里面的工作间,出来时,她抱着一大堆绿叶、蝴蝶结,以及一把把又长又多刺的玫瑰花枝。那些花枝被修剪得很整齐,只是上面一朵花都没有。

戏弄?

"我没心思开玩笑,谁会要这样的花?"梦菲冷冷地笑了笑,"难道我的人生还不够糟糕?"

"这还称不上是一束花,一捆干枝罢了。"

盯着那束花,或许根本称不上是一束花,她一脸的困惑。

曼云笑了,那一笑清婉,明媚,惊艳了梦菲的心。

"很有意思吧? 是我故意将花剪掉了。"曼云歪头,看了看门口,"这就是店里的特别奉献,叫作——荆棘花! "

荆棘花? 只知道荆棘鸟,但却从未听说过这样奇怪的花名。荆棘,看着突兀的花枝,梦菲陷入了沉思。

"我看得出,你好像不开心。"

远远地,两杯咖啡,往事沸腾在温润的奶泡里。

3

面对眼前熟悉而又陌生的面孔,梦菲没有拒绝。此时,夕阳散落在花店落地窗的身上,轻轻地,好似沉重的心在这一刻才得以着落。暖暖的,无限蔓延,铺洒了一地的幸福。

几年前,曼云的丈夫不务正业,又染上了毒瘾,失去了工作,还欠了很多钱。要债的人每天上门,逼得她走投无路,甚至想要自杀。一时间,一个好端端的家,剩下的只是挣扎与残喘。

无论什么,发生了就发生了,真的不必看得那么重,因为看重了,也没用。或许你认为天大的事,在别人眼中或许根本不值得一提,其实放不下的只有自己。尽管她恨过她的丈夫,恨过所有与他有关的记忆,可是她知道,她也曾疯狂地爱过他。

正如一缕阳光从天空中射下,总有无法照到的地方,那便是生活的阴暗面。我们若将眼睛总盯在阴暗处,那么得到的也只有阴暗和恐惧。倘若抬头望向天空,便能扫却所有的阴霾,因为阳光在那,灿烂于心。

别再喊痛,喊累,责骂现实的残忍,痛斥上帝的不公。况且,你太过渺小,现实凭什么对你温柔以待? 我们必须学着长大。

在命运的挣扎中,曼云从一个不谙世事的小女人,历经沧桑,使灵魂得以蜕变。

或许,有时候,你可能脆弱得一句话就会泪流满面,可是有时候,选择了坚强,你会突然发现,自己的坚持竟然走过了很长的一段路。

多年之后,曼云释然,不仅帮着丈夫戒掉了毒瘾,而且夫妻俩还开了这家花店。维持生计的同时,丈夫还寻了份快递的工作,来补贴家用,幸福就这么来了。其实,生活的太多磨难,不是上帝故意的设定,只是希望你过得更好。

"每年感恩节,我都会为特别的人,送一份特别的礼物。"

夕阳里,曼云一脸的平静。她告诉梦菲,就算再次被荆棘所伤,她依然会感谢它,因为是它让我知道,此刻我们所拥有的是怎样的一种幸福。

眼前那一张洋溢着微笑的脸上,梦菲寻不见一丝曾经的痛苦,以及岁月刻画的痕迹。可是,她不知道自己是否能够坚强地走过眼前这段黑暗的路程,为生命里的荆棘点赞。

"这荆棘,长得丑陋,可它却能将玫瑰衬托得更美。诚如那卑微的绿叶,我们闻得到花的芬芳,却看不到绿叶的付出,但它们实实在在地存在,也是无可替代的。"

　　遇到麻烦的时候,学会坦然接受,捡起与放下,后面的风景更美。

4

　　姹紫嫣红!

　　看着店里的花儿,梦菲咧嘴,心里顿生一种豁然开朗。

　　在曼云温暖的目光中,她昂首走出了花店,迎面的风依然寒冷,可夕阳却灿烂了许多。

　　也许我们曾无数次为生命中的玫瑰感动过,却不曾留意过荆棘。其实它们是一体的,人生的重要组成部分。当我们真正明白荆棘价值的同时,请勇敢地对生活中所有的不幸说一声谢谢。

　　有时候日子真的很难挨,每天就像头顶乌云在行走,无论奔跑,还是闪躲,都没有阳光。所以我们需要心存希望,坚定不移地认为一切都会好,幸福肯定会来。

　　一生这么短,学会宽容,成全自己的幸福。不要为不值得的人生气,不要为不值得的事失眠。既然活着就好好活着,每分每秒都愉快地活着,这才是我们活着最初也是最终的目的。

坚持,你就能迎来花开

淡月

她不是最美丽的花,因为这世上压根就没有最美的花,有的只是无论绽放在晨曦里还是开在风雨中,依然能笑傲群芳,永葆一颗蕙质兰心的奇葩。

"生活的目的在于追求比生活更高远的东西。"这是纪伯伦的《紫罗兰之死》里最经典的一句话,也是临终的紫罗兰对同伴说出的肺腑之言。紫罗兰的梦想就是变成一株玫瑰。梦想实现之时,也敲响了她的丧钟。一夜的狂风暴雨摧折了紫罗兰,可她不遗憾,她曾用玫瑰的情感爱过这个世界,虽然只有一天。在她离开的那一刻,却留下了一个超凡绝俗的微笑。

追寻美好的生活,不是为了得到惨烈的结局,更不是寻找殉情的绝地。好运伴随着努力与坚持。若你努力一刻,你会幸福一时;若你坚持恒久,你将幸福一生。

布依是我最好的朋友,她是一个永远追随太阳走的人。站在阴影里,只为更好地确定太阳的方向。若沐浴阳光,她就会竭力绽放出一朵花的模样。

　　她常说："我没有公主的容貌，但我有一颗做公主的心。"

　　布依是他们家的老二，姐姐布紫萱，妹妹布夕颜。姐姐和妹妹个儿高挑，容貌清丽，人如其名。布依却似发生了变异，矮小而浑圆。她们仨一道出门，随时随刻能感觉到诧异的目光。面对异样的目光，布依不畏缩、胆怯，勇敢迎接，灿烂一笑。眼眶里的泪水，也要躲在被窝里滴落，笑容必须留给那些鄙夷她的人。她告诉自己，姐姐和妹妹有她们自带的骄傲，我也会有属于自己的光辉。抹掉泪水，她又笑吟吟地出现在众人面前。渐渐地，再也没有人嘲笑她了。

　　才情与美丽的女子是最好的伙伴。紫萱酷爱古典乐器——琵琶，夕颜喜欢优雅与激越集于一身的拉丁舞。她们都寻得了最好的老师学习她们的最爱。布依也想学，可老师告诉她，以她的资质学这些不适合。即使勉强为之，也会学无所得，白白地浪费时间与金钱，还是根据自身条件选择适合自己学习的内容为好。后来，终于有一个举重教练看上了布依，她痛苦地拒绝了。

　　父母看她郁郁寡欢，就让她在家跟随父亲学习烹饪。布依的父亲是当地的一位名厨。

　　布依知道在众人眼里自己材质普通，父母也没对她寄予过高的期望，觉得她适合做一件温暖朴素的布衣，布衣也最能让人感受到温暖与舒适。她明白父母的良苦用心，但她不觉得平庸就该是属于她的。老天虽没有馈赠她美丽的容颜，但给了她一颗玲珑剔透的心。她想,这一切的曲折只是为了磨砺她这块看似普通的布,最终做出一件精致而独一无二的衣服。

她跟随父亲学习烹饪,很短的时间内学会了父亲全部招牌菜,也领会到该如何调制精彩的生活。她的速成,让父母欣慰,觉得她的一生有了依傍,定会拥有平淡与安然。

布依却不甘于安享流年。她认为牡丹虽贵为百花之魁,但她没有兰花的清雅,梅花的冷艳,茉莉的馨香。自己虽成不了百花之王,但也要成为花中的一朵奇葩。

她要学习,学习她所喜欢的琵琶和拉丁舞。先天条件并不好的她,手指较短,指腹无力,学习琵琶几乎异想天开。浑圆的身材学拉丁舞,就似一个圆球在滚动,让人惨不忍睹。父母都劝说她放弃,可她倔强地坚持着自己的梦想。

学习琵琶与舞蹈的过程是布依忍受痛苦的过程。一个指法,紫萱只需要弹上三遍就游刃有余,而她需要几十遍,才能勉强掌握。手指受伤、变形,全然不顾,咬牙挺住。舞蹈的学习更是煎熬。一个动作,一个舞步,需要一周至两周的时间。脚多次受伤,腰有时扭伤直不起来,依然不放弃。家人看着心疼,劝她别这样折磨自己,可她坚持下来了。一坚持就是六年,最终掌握了琵琶的演奏技巧,弹奏得"嘈嘈切切错杂弹,大珠小珠落玉盘",与姐姐不相伯仲。拉丁舞也让她跳得充满自信,时而狂野,时而优雅,似乎比妹妹略胜一筹。布依硬生生地甩掉了一身肥肉,变得娇俏可人。

姐妹仨同台表演,台上的布依气定神闲,举手投足颇有大家风范,优雅高贵,同时也不失灵动与活泼。毫不逊色于姐姐和妹妹,甚至比她们多了一份独有的韵致。现场认识布依的观众都惊叹不已,原来丑小鸭真能变成白天鹅。

布依在众人仰视的目光中进入了大学。

在我看来,已经能依稀可见布依今后的生活。那一定会载满鲜花和掌声。可人生的路是不会按照设计延展的,爱情的路更是与想象完全不同。

爱情很抽象,抽象得变幻莫测,无法用文字、语言精准表达,更无法捕获。爱情又很具体,具体得把人填得满满的,似乎没有爱情的空气都无法呼吸。然而获得爱情只有勇敢和执着远远不够,更多的是入眼、入心。

布依的外貌虽不惊艳,但是内心的倔强和对梦想追逐的炽热是很难有人企及的。她若没有那份狂热,她依旧是那个平庸的布依。

布依进入大学后,爱上了一个叫牧野的男孩。男孩很优秀,外形俊美、才华横溢,更是一个谦谦君子。只要他出现的地方,就会有一大群才色俱佳的女子跟随着,争先恐后地献着殷勤,不放过任何一个展示自己个人才华的机会。可他应对得体,不会冷落任何人,也不会让人误会他的热情是有针对性的。生活在花丛中却从无绯闻,这样更使得他成为女孩心中最完美的恋人。

勇敢与执着是布依与生俱来的,为了所爱她很盲目。她和其他女孩一样,追随着牧野。就似跟踪定位仪一样,准确无误地黏着牧野。在高颜值、高能力的美女群里,布依似乎只能是一片绿叶。她的努力,她的付出在牧野眼里和其他女孩没有什么两样,她得到的回应只是礼貌性的尊重与客套的赞赏,然而她需要的不仅如此。牧野看她的眼神根本没有她所期待的热度,布依在这一场追逐中觉得已然失去了自我,这种做法连自己都有些厌倦。

她烦恼,她无所适从,她不知道怎样才能达成所愿。牧野若是一首高难度的曲子,她会用百倍的努力去学习,去练习,把这首曲子演绎得尽善尽美。面对牧野,布依第一次感受到无能为力。行动放弃了,心却放不下,她喜欢牧野。若牧野亲口告知他永远不会爱上她,那么她会死心。现在还没开始,为何轻言放弃。

她约我在街对面的酒吧,她和我谈起牧野,谈起因牧野而来的苦恼与迷惘。我知道,此刻我能给她的最好礼物就是聆听,聆听她灵魂深处叮当作响的声音。

坐在她的对面,静静地看着她,温暖地微笑。她注视着我,突然她看着我笑了。"我知道该怎么办了,"布依愉快地说。"你的安静让我舒适,你与我保持的距离让我更能看清你关切的眼神,感受你的心疼与包容。若你距离我近了,与我一般闹腾,反而看不清你。"

我们相视一笑。

回校后，她从牧野身边消失了。她把时间安排得满满的，白天的闲暇时光，泡在游泳池练习游泳；晚上钻进图书馆，好好研习英文。两星期后学生会要搞一个英文辩论比赛，一个月后学院要搞一次大型的冬游比赛。她一定要在这两次大赛上大放异彩，让牧野认识她。有了印象才能努力，付出才会有成效。

如她所愿，两场比赛她都有惊人的表现，成了一颗冉冉升起的星星。牧野看她的眼神是由衷的赞赏。

学校的艺术节开幕了。她的琵琶、拉丁舞又有了展示的舞台。

出人意料的是，布侬获得了器乐与舞蹈的金奖。这时候的布侬不再是星星，而是校园这个皇冠上最闪亮的宝石。围着她的男生与围着牧野的女生一样多，她都婉言拒绝。"弱水三千，只取一瓢饮。"

此时的牧野对她有了惺惺相惜之态，但她知道这仅仅是一个好的开始，距离目标还有很长的路要走。恰逢学校招募志愿者，到边远山区支边。她和牧野都积极参与，很幸运的是，他们被派往同一个地方。

在山区的日子，布侬坚韧的性格，超强的行动能力，让牧野佩服之至。牧野在一次进山帮助牧民工作时不幸受伤，受伤后的牧野得到布侬无微不至的照顾。布侬就地取材，为牧野做了很多绿色而营养的食物，让他很快恢复了健康。布侬的温柔体贴和高超的烹饪技艺又再次让牧野刮目相看。

牧野的心已在不知不觉中被布侬塞得满满的。

漫山遍野的杜鹃花开了,布侬收获了爱情。

爱情的获得不只是不折不挠地坚守,更多的是要靠实力与智慧的方式,获得对方的真情、真心。生活中不乏一些为了心中所爱百折不挠,至死方休的人。他们的勇敢与毅力,我佩服之至,却无法认同他们的做法。丧失了尊严和自我获得的爱情最终不会被对方尊重与珍惜,患得患失的情感煎熬更会让人癫狂,无法预知会跳进怎样的深渊和黑洞。

布侬是一个聪慧的女子。她不是最美丽的花,因为这世上压根就没有最美的花。有的只是无论绽放在晨曦里还是开在风雨中,依然能笑傲群芳,永葆蕙质兰心的奇葩。她面对爱情的低谷,勇敢重塑自己。遭遇了爱情的波折,用智慧成就了明媚的自己。爱情不是把自己放得很低,就能够从尘埃里开出爱情之花来的。爱情让人痛苦癫狂,爱情也能让人春暖花开,让最美的自己赢得最甜蜜的爱情。

只要你坚持,只要你足够聪慧,就能迎来花开。

第二章

生活有多残酷,我们就应该多坚强

她不再浓妆艳抹,不踩十厘米的高跟。亚麻的袍子随意挽着袖,长发用一根铅笔簪着,穿人字拖。她挽着我的手,趾高气扬地走在大理的青石板路上——这儿车少,她再也不用因为过马路惊慌失措。散步归来,路遇一位老太太,温和地冲着她笑,洛以礼嘻嘻哈哈地走过去,忽然回头看着那背影:"哎呀!坏了!那是我婆婆!"

勇敢地去拥抱生活,生活才会拥抱你

朱海兰

青春可以青葱,但岁月不可以蹉跎。不同的环境可以改变我们生活的方式,但不能阻止我们追求幸福的脚步。当生活与困难面前,我们多了从容与勇敢面对时,幸福就会为你敞开胸怀。

易易是我的一位诗友, 平日里喜欢把他写的诗歌拿来让我读。可我每读了他的诗歌,内心总是充满了压抑的感觉。诗歌里处处都抱怨着生活的不公平、日子的艰辛、工作的辛苦,那种灰心与忧伤足够把生活中所有的光明都挤压到灵魂的深处。当然,他的生活也被他经营得一塌糊涂。新婚不久的老婆搬回娘家多日,易易却从来没有主动去找过老婆,他对我说:"我不想用高贵的灵魂亵渎婚姻,爱情不是求来的,求来的爱情太廉价了。"听起来,他的话好像头头是道,可是每当仔细推敲的时候,总感觉他的生活里欠缺了些什么。如果让我去找原因,却一时半会又给他找不到,但他的情绪却往往会感染到我,每每遇到他的诗歌与他的人,总是会让自己本来明快的心情也变得压抑了起来。

直到遇到另一位美女作家凝凝,我才知道了易易生活症结的所在。

　　与凝凝是在一次文学聚会上相识的,因为这次聚会主办方就是我们。我负责在前台接待的工作。当凝凝着一身红颜色的裙子走进我的视线时,她的美丽、优雅一下子就征服了我。凝凝拿起笔,在签到簿上写了自己的笔名:凝凝。

　　因为对凝凝的印象特别深刻,整个活动中,我便有意地想接近她。从聊天中,知道她是一位标准的 90 后美女作家。与她所穿的那件红色裙子一般,凝凝的性格也是红色的。吃饭的时候我也让自己与凝凝坐在了同一张桌子上。因为她的活泼与妙语连珠,我们那张桌子上的笑声与掌声不断,而我接待一天的劳累也被这温馨的笑语化掉了。

　　因为喜欢上了凝凝,晚上我直接把凝凝安排与我一个房间住宿,正与凝凝聊得开心的时候,易易上线,把自己一首诗歌发了过来。我拿易易的诗歌给凝凝看,这个多面写手立刻就从易易的诗歌里看到了易易的内心:"姐,这是一个诗歌里只有小我的人,他的心不开阔,他的人生还没有打开。"我一下子被凝凝这句话征服了,我抬起头认真地对凝凝说:"你是一个有故事的女孩。"

　　凝凝认真地点点头,然后对我讲道:"姐,你听说过这样一个故事吗?伯乐做了一个试验:他把两匹千里马放到驴圈里。其中一匹想:'我既然遭此不幸,为了生存,我必须同化成驴性。'所以,它每天学驴叫,吃驴食,便被群驴认可为朋友而幸存下来。另一匹千里马想:'我是千里马,怎能同驴一样?宁可饿死也不吃驴食。'群驴看到它与自己不一样便群起而踢之,几天它就被驴踢死在驴圈里了。"

我明白了凝凝这个故事的含意:这个故事就是在告诉我们,从来都是适者生存,无论你才高八斗,还是技高胆大,一个人的单打独斗永远无法与一个团队的力量抗衡。从来都是我们去适应当下生活与环境的变化,而生活与环境却无法一一顾全每个人的感受与喜怒哀乐。

"姐,你知道吗,十八岁之前的我是叛逆的。做生意的父母给了我优越的生活条件和生活环境,可我讨厌他们在生意上的斤斤计较,讨价还价,所以总是想着法儿与父母做对,弄得他们一点法儿都没有。虽然这样,他们依然爱着我,苹果总是削好了扎到牙签上才让我吃,衣服洗好了帮我叠进衣柜。姐,真的,无论妈妈多忙,我十八岁之前连一双袜子都没有洗过。"

我安静地把一杯温热的水放进凝凝的手里,听凝凝接着讲她的故事。

"我真正的改变,应该就是十八岁生日那天。父母带我去乡下奶奶家过生日,可我却赌气一个人跑到村外那个小树林里玩。你知道,北方人喜欢挖地窖子来贮藏地瓜。结果因为我对奶奶家村庄地形不熟悉,也不会想到老乡会把地窖子挖到树林里,就这样我一脚踏空,掉了进去。那一刻,我的内心真的充满了恐惧,前所未有的恐惧,我怕极了,我怕自己就此会死在这里,爸爸和妈妈再也无法找到我。那一刻,我默默地想了许多,突然就感觉爸爸妈妈真的不容易,他们做生意如果不是为了挣钱,让我们这个家的生活好一点,如果按我的想法去做,我家的生活不知道会是什么样子。他们挣的钱合情、合理、合法。那一刻,我想我不能死,爸爸妈妈的养育之恩我还没有报答,不能就这样死去。求生的欲望强烈了起来,最后我就用手沿着老乡上下地窨子那个窝点,爬出了垂直角度为90度的地窨子。

"姐,你知道吗,从那天开始,我真的变了,我学会了帮父母分担,不仅洗自己的衣服,还帮爸爸妈妈洗衣服。原来,把爱给予别人,真的是一件幸福而又快乐的事情。"

"姐,把你手机拿来,我给易易说几句话。"我把手机放进了凝凝的手中。"姐,你看我先给他个二踢脚。"我被凝凝的幽默一下逗笑:"好,我看你怎么给他二踢脚! "

凝凝很快从聊天框里连发两问:"易易,你的诗歌为什么总是充满忧伤? 难道生活就真的没有乐趣可言了吗?"易易显然被凝凝的话惊到了,停顿了许久,才回答说也不是这样。

凝凝望着易易的回复,嘴角一下上扬了起来,悄悄伏到我的耳边说:"姐,看来这人还有救,看我再给他一个连环脚。"

"那我再问你几个问题:第一,既然你感觉不是这样,为什么你心里总是充满抱怨? 第二,当你的妻子回娘家的时候,你想过她回去的原因吗？第三,也是最后一个问题哈,我现在让你自问一下,为什么与你同时上班的同事都升级了,而你却还是原地不动?当你的同事都埋头工作的时候,你上班的时间是不是开小差了？是不是只应付领导的工作,领导拨一下,你才会动一下？"

或许凝凝的话,真的触到了易易的疼处,他完全沉默了下来。

而凝凝却不依不饶,爱好能当饭吃吗？答案非常直接,如果爱好不到极致,不到出类拔萃,不到可以变成养活自己的工具,是永远不能当饭吃的。你在你的诗行里悲月伤秋,感觉自己是世上最有才气的大才子,却生在这个怀才不遇的时代,却不问问自己为什么会把生活经营成这个样子。抱怨没有用,一切靠自己,面包需要你来挣,家庭需要你来经营。除非你主动放弃了生活,放弃了追求幸福的脚步,否则生活是从来不会主动放弃任何一个人的。所谓的困难,是你自己给自己带上的枷锁,自己给自己找的不愿向前行走的理由。无论你自己感觉自己有多大本领,你不去适应当下生活的环境,不去改变自己的人生态度,一切都等于零。

一个星期后,我接到了易易的电话,他在电话里对我说:"姐,我就知道我没有交错你这个朋友,谢谢你和美女作家凝凝及时点醒我,现在我和我老婆正一起走在回家的路上呢。"

不要让心里的"墟洞"越来越大

一介

这个墟洞只能由你来凿开一道光亮。小飞哥,我比五年前向你表白时更爱你。如果你不想让这个墟洞越来越大,答应我,以后由我来和你共同组成一支骑兵队,我们共同对抗岁月磨刀霍霍,抵抗现实残酷,抵达平凡幸福的峰顶,一如我们以前一次次攀登过的重峦叠嶂,好吗?

"我这里,梦想来过,又走了。"小飞摸着自己的左心房道。

地下室灯光幽暗。我跟着他小心翼翼地走过横七竖八的空啤酒瓶。"每次我不开心,就在这里喝酒,喝得酩酊大醉。直到第二天清晨或下午的阳光透进来的一丝光亮,摇醒昏睡的我。"

1

分开不过两年光景,小飞从原先的魔鬼身材突变成眼下222斤的大胖子,真是个十足的二货。我笑他,眼眶里忽而满满的,不小心滚下一颗泪珠来。我深爱的小飞啊,被现实磨成名副其实的二货了,怎能不让我伤心?

"傻姑娘,哭什么呀? 你小飞哥我压根不知泪水是何味。"他在地下室的小方桌旁坐下,随手打开一瓶酒。我第一次来,把自己当成主人,替他收拾起屋里的狼藉。

"放下。不用白费劳力。"他原本准备倒酒的手停下,转向我道。

我不听,依旧把床上的衣服放在一个桶里,动手铺床单、叠被子。一面听他唠唠叨叨:"我说了不用,你走了还不是老样子。狗屋就是这个样!早就说过了,不要来不要来,你非不听,这种地方哪是你这种踩高跟鞋的姑娘可以进来的……"

听到这儿,我脱掉8厘米的高跟鞋,赤脚走在冰冷的地板上。他叫起来:"你疯了!快穿上!"

我假装没听见,自顾自地扶起脚边躺着的空酒瓶。"你给我滚!"小飞突然站起来,大吼一声,吓得我如呆木。转而又恢复冷静,继续蹲着把地上的啤酒瓶一只只扶起来。

"牧牧,我求你了,给我留一点尊严,最后一点,求你。"他蹲在我身旁,拉着我一只手臂。我仔细地把最后一只酒瓶扶起,看它们像一支骑兵,笔直地站好,似乎随时准备着上战场。

我多想扶起的是你,多想你一个人,就像一支骑兵,在现实的战场中,厮杀,落败,但从不气馁,从不放弃。永远是勇者模样,勇往直前。

我忍着泪水,"好。"勉强挤出一个字。提着鞋,头也不回地离开了。

身后小飞却忽而唱起杨坤的《无所谓》:"无所谓,谁会爱上谁,无所谓,谁为谁憔悴,破碎就破碎,要什么完美……"

他的声音,让我有种瞬间苍老和冰冻的感觉。三年前的小飞,是多么青春飞扬、满怀激情啊,那时,我爱的正是那个永不气馁、永不妥协的拼命三郎啊。

2

五年前,我刚走进大学校门,便被一股急速驶来的风卷入包围圈中,半晌才看清一行人骑着山地车围着我急速转圈。我大惊失色,疑心自己来到了流氓学校。正不知所措时,一行人又扬长而去。

后来我省吃俭用三个月买了辆山地车,加入他们之中。为首的便是小飞,我跟着别人叫他小飞哥。

那个时候,我短发,穿牛仔T恤,行事也像男孩。认识小飞半年后向他表白失败,我们就成了哥们。我叫他哥,他叫我牧牧,小牧。

我们曾一起驰骋江湖,一起笑看落花,一起看破爱情,一起骑车跨越过城市乡村的每一条街道,一起穷尽一条路,一起以笨拙而真诚的方式"对抗"老师,一起在考试前挑灯夜读,一起以最大的热情和激情追随梦想,一起迎着风放声歌唱"他说风雨中这点痛算什么,擦干泪不要怕,至少我们还有梦",一起走过彼此青春里最美好的三年。

我大三时,小飞毕业,远走高飞,还失联。我心里早已把他大卸八块了。没想到,再见面,物非人亦非,当年情义还在否?

小飞失联的两年里,我对他的思念朝朝暮暮,日月可鉴。根本不是哥们的感情,是爱情,真真切切清清楚楚明明白白。所以偶遇后,我坚持要去他住的地方看看,确定他一时跑不了。

730个日子的夜晚失眠,17520个小时的时时牵挂,无人知,无人晓,无人懂,那句深藏已久的"我爱你",如何轻易出口?你离去的两年里,我孤独地爱了两年,心里逐渐形成一个巨大墟洞,被爱情荒废,久无人烟。

我站在阳光下,背靠着斑驳的墙壁,泪如雨下。两年来无数次幻想各种偶遇都不及真实一幕残忍、猝不及防。我又该怎样让你重拾当初的梦想,而我自己又将如何面对心中日益扩大的墟洞?

这两年里,我蓄起长发,独自骑着山地车长发飘飘;我穿起长裙,翩翩在城市乡村中每条和你走过的街道上;我捡回女孩的含蓄,没再向任何一个男孩表白失败过,因我未再表白过;我继续追随在我们共同梦想的路上:成为一流的攀登者。

我忽而转身走回到地下室,是的,我需要和你谈谈,谈谈当时的梦想,还可以谈谈我们的爱情。

3

小飞看到我回来,很诧异,不过很快镇了下来。不等我开口便连忙说:"别试图说服我,两年了,你不了解我是怎么度过的,你说什么都无济于事。说实话,遇到今天这样的你,我不敢相认,你越来越好,而我糟糕极了,并且没有变好的可能。看在我们曾经的情义上,就当从未见过我,删除掉这段记忆,可好？"

我笑而不语,注意到我扶起的酒瓶又倒在地上了,依旧赤着脚走向它们,不疾不徐——重新扶起它们。"为什么你要执着于扶起这些毫无用处的酒瓶呢？"小飞对我的举动充满好奇,忍不住问。

我把它们排列好,赞叹道:"小飞哥,你看,它们多像一支骑兵队！它是政委,"我指着为首的空酒瓶,继续道:"它就像我们心中的梦想,在它的带领下,无论遇到什么困难,都可战无不胜,遇到什么危机,都能临危不惧。而这只,"我指着它后面的酒瓶说:"是我们的司令,是我们的初心,它指挥、把握我们前行的方向。这只是文艺兵,像爱情,启发我们发现美好和温暖,还有这后勤部长,是我们的这里。"

我把小飞哥的右手拿起,他并没有拒绝,把他的手放在我的左心房上。"它跳得好吗？"我问。我注意到小飞哥的神情渐渐安静下来,他笑道:"像只受惊的小鹿。"

"它现在不再是一个墟洞,因为你的这只手来过。答应我,经常来,它便不是一个被人废弃的地方。这个墟洞,只能由你来凿开一道光亮。小飞哥,我比五年前向你表白时更爱你。如果你不想让这个墟洞越来越大,答应我,以后由我来和你共同组成一支骑兵队,我们共同对抗岁月磨刀霍霍,抵抗现实残酷,抵达平凡幸福的峰顶,一如我们以前一次次攀登过的重峦叠嶂,好吗?"

当我听到小飞清晰有力地说出我们当年攀登的口号"相信自己,相信伙伴,永不言退,向着爱的顶峰勇往直前"时,温热的泪水滑落脸颊,我用右食指接住它,放在嘴里,咸得精彩。我笑,小飞哥也笑。

他笑着把我拥入怀中。不到三秒突然放开我道:"第一,请你穿上鞋子;第二,我要把所有的酒扔掉;第三,在我们这支骑兵队中,你是我的好政委,我是你的总司令。"我重新回到他的怀里,含羞地点点头。

"一切都依你。"我耳语道。

地下室原本很微弱的光,此时变得特别明亮。

千言万语,我们终究要告别

希洛

贫寒的爱情里,你唯一能做的就是两个人一起,继续勇敢地向前奔跑,直到有一天你在追梦的城市里再也不用担心生存问题,也有了属于自己的家,你才有资格谈一场风花雪月的恋爱。而在这之前,两个人必须彼此坚定地相守,然后慢慢走过人生的低谷,用努力换得今后的安好。

最好的爱情,就是那个人总能唤起你内心最美好、最有力量的一部分,让你发现这个世界更大,你的人生更美好。他会陪着你走过人生的低谷,会修正你的错误,纠正你的思想,让你对美好生活充满信心,而且为之努力。而你要做的,只是跟随着他的脚步,不停地向前奔跑。

1

"如果谁现在把一碗过桥米线摆在我面前, 我一定以身相许。"发完这条状态半个小时后,路一辰拎着一大碗过桥米线站在宿舍楼下大喊"钟小米,米线"。

坐在楼下的长椅上,我苦苦经营了两年的淑女形象,在一碗过桥米线面前彻底崩塌。

一碗面快要见底,我才含着最后一口米线,问他中午吃的什么。他无奈地告诉我,钟小米,你吃的就是我的午饭。我只剩下十五块钱了。

我一口米线没咽下去,咳得惊天动地。他等我咳完,一本正经地说:"你不用那么感动,不让女朋友饿肚子,是我应该做的。"

我端起剩下的半碗汤和里面只剩几根的米线,递到他面前:"你要是不嫌弃我脏,就把汤喝了吧。"

他端起碗,喝得很香。我看着他阳光下的笑脸,嗅到空气中爱情的味道。

那年,我们大二。

我是班上最穷却最努力的女孩子。爸妈是当地一个小镇上的普通工人,奶奶长期卧病,没有医保,弟弟在读高中,于是我像很多励志文章里的女孩子一样:贷款交学费,打工赚零钱。

我饿得把自己许给路一辰的那个月,我打工的那家餐馆的老板携款逃跑,我做家教的那家男主人突然住院,我一下子断掉了所有经济来源。

我跟路一辰是在一家酒吧认识的,他在酒吧驻唱,我在酒吧弹琴。合作了三四次,散场回学校的时候,才发现我俩一路。

没吃米线之前,我一直以为最美好的情话是"我爱你",证明爱情的最好礼物是玫瑰花;吃完米线以后,我很悲哀地发现自己的浪漫细胞瞬间死亡:因为让我泪流满面的情话居然是"不让女朋友饿肚子，是我应该做的"，而我爱情的开始不是玫瑰花，而是一碗散发着热气的过桥米线。

原来，爱情来得这么简单：在你最饿的时候，一碗米线就是一份爱情。

2

大三的日子，每个人都忙得找不到北。

宿舍的姐妹们都埋在图书室里准备考研，用老师的话说：文科女孩子命苦，读研是最无奈却又必需的选择。

可我却觉得能心安理得地筹划考研，也是一种命好。我除了四处打工，已经开始联系各个可能收留我的单位：穷人的孩子早当家，我没有余力余钱和余时间去读研。爸妈微薄的工资已经不足以维持奶奶的治疗，我已经成年，必须学会为父母分担。

路一辰看着我的奔波劳碌，心疼地说："钟小米，等我签了公司，咱俩一起努力，就不用这么辛苦了。"

我一边狼吞虎咽地吃东西，一边看手边还没有翻译完的稿子："路一辰，我一点都不担心，有你陪在我身边，无论多苦都不觉得。"

大四在一片兵荒马乱中来到。

进了九月，我们开始四处投放简历。路一辰没有回到爸妈为他铺好路的小城，而是把目标定在了上海。看我犹豫，他说："钟小米，你的专业在家乡根本没有施展空间，只有在上海才有可能找到适合你专业的工作。只要我俩都努力,一定可以的。"

上海每天都有追梦的人来,也有梦断的人走。从上海火车站出来,路一辰拉着沉重的行李箱走在我前面,周围霓虹闪烁,打在我们脸上,让最普通的我们,头顶也好像有了一圈梦想的光环。

我相信路一辰能成功,所以陪在他身边,我什么都不怕。

一直以为有了爱情,就可以相守一生。可注定的,梦想很丰满,现实很骨感。

路一辰在考虑我的专业在上海才有更好的发展机会时,显然忽略了我的性别:我在第四次面试无果后,一个人坐在外滩,看着闪烁的霓虹灯禁不住泪如雨下:上海真的只是精英的天堂,如我这般普通得能淹没在人群中的人,注定会在这样的天堂里,垂死挣扎。

路一辰的专业显然更受青睐。他只面试了一次,就签好了合约。剩下的时间,他一直在帮我重新做简历,然后再重新一家家公司投放。两周以后,我终于收到了一家公司的回复,只是薪酬低得可怜。可看着路一辰满心的期待,我还是决定陪他留在上海。

夜晚的外滩,我闭着眼坐在他身边。他的胸膛那么宽大,我觉得无论前边等着我的是什么,我都不会害怕,因为有路一辰在。

3

有时会想起鲁迅《伤逝》里的一句话:"人必须生活着,爱才有所附丽。"

　　我们租住了一间不到十平方米的小房子，勉强只够放一张一米二的床和一张桌子。上海这个国际化的大都市，连租房子的价格都高得让人生畏。我一个月那点可怜的薪酬，连房租都付不起。

　　我俩的公司离住处都很远，而且方向相反。每个早晨，两个人都匆忙得如同打仗一般，洗漱穿衣出门，有时连再见都顾不得说；晚上到家，两个人累得如同一摊烂泥，恨不得就这么一直躺在床上，动都不想动。可我们没有多余的钱叫外卖，只能装死几分钟，爬起来，用淘来的二手电饭煲，煮一锅白米饭，然后小心翼翼地切一点火腿肠进去，美其名曰"扬州炒饭"。

　　冬天的夜晚，没有暖气的小房子寒气逼人。床小得可怜，我们只有紧紧贴在一起，给彼此取暖。

　　路一辰用他温暖的长臂拥着我，伤感地说："钟小米，让你陪我吃苦了。你放心，只要我俩一起努力，我们很快就会有大房子住的，我很快就可以带你去西餐厅吃饭了。"

　　那一段日子很苦，但是很快乐。每天，白天我俩各自在自己的公司奔波忙碌，晚上回到出租屋，他会讲公司的趣闻给我听。然后，我拿着领来的翻译稿，熬夜翻译稿子；他在电脑上噼里啪啦地设计私自接的室内装修图纸。

　　日子忙碌，清贫，而又充实。

　　可是这样的快乐，短暂如烟火。

　　三个月以后的一天，老板恶狠狠地把我标错底价的投标书扔到我脸上,让我滚。我哭着收拾东西,哭着蹲在路边给路一辰打电话。

路一辰第一次没有安慰我,他看着我蓬头垢面一把鼻涕一把泪的样子,皱着眉头把面巾纸扔给我:"钟小米,我印象中,你不应该是会犯这么低级错误的人,说好的努力呢?"

晚上,他给我煮了一碗方便面,自己什么都没吃。那场景好像回到了大二,我初见他时,我吃,他看着我吃。可是又有什么,变得不同了。

重新找工作时,一次一次的碰壁让我对自己越来越没自信,我甚至在后来的面试中,连主考官的问题都回答不清楚;再后来,我干脆不再投放简历,只是待在家里,给路一辰做饭,偶尔接几个翻译的稿子,却因为屡屡出错被扣去了报酬,一气之下干脆连翻译稿子也不接了。

路一辰的工作却越来越顺手。因为他的能干、勤奋和才华,实习期未满就被破格提成了项目部经理。他也用实力证明了老板的眼光没错:自己第一次主持,就拿下了一个对公司很重要的投资项目。

公司给他开庆功会,我一个人坐在我们十平方米的出租屋里啃面包。给妈妈打电话的时候,我哭着说:"妈妈,我想回家。"妈妈也哭:"小米,你回来吧。咱们这里招地方编制的小学英语老师,我托你舅舅找找人,你的学历自己考也没问题的。"

我没有告诉路一辰我要回去,因为我害怕看见他皱着眉头问我:"钟小米,我看错你了,说好的努力呢?说好的一切都靠自己呢?"

还是那个车站,还是霓虹辉煌、灯红酒绿的喧闹。只是,来的时候有路一辰,连空气都是暖的;而走的时候,一个人拉着行李箱,整个世界都在下雪。

4

两年后,我在大学闺密那儿听到路一辰的消息,她微信语音说:"同学聚会看见路一辰了,他太能干了,两年时间就升到了部门经理,公司的大项目基本都敢交给他去做。每天全国各地地飞,已经完全是一个高富帅的白领形象了,估计再有两年能成霸道总裁都不一定。钟小米,你当年傻啊,就那么静悄悄地走掉,那么一只潜力股让你抛掉了。不过,他还是单身呢,是不是还在等你?"

我坐在一群小孩子中间,一边给他们放英语歌曲一边打字过去:"不是我傻,我只是没有努力让自己变得更好,所以他已经爬上了山顶,我却依然在山脚。这样的两个人,怎么走在一起?

"你读过鲁迅的《伤逝》吗?涓生和子君相爱,是因为两个人志同道合。可两个人一起登山的时候,涓生奋力地向上爬,而子君停在了原地。等涓生爬到山顶回头看时,子君已经变得很小很小,不是他当初认识的子君了。"

其实,我知道我们注定会分别。

路一辰自信满满地在上海打拼,而我已经找不到那个当初什么都不怕,对自己充满自信,觉得自己只要足够努力就能让全家人过上好日子的钟小米了。

在事业和爱情面前,那个钟小米都做了逃兵。她找了一条最近捷最不费力的路,所以她注定离一直奋力攀登的路一辰越来越远。

那天看到这样一段话:

"贫寒的爱情里,你唯一能做的就是两个人一起,继续勇敢地向前奔跑,直到有一天你在追梦的城市里再也不用担心生存问题,也有了属于自己的家,你才有资格谈一场风花雪月的恋爱。而在这之前,两个人必须彼此坚定地相守,然后慢慢走过人生的低谷,用努力换得今后的安好。

"只愿当你们用努力换得今后安好,玩得起浪漫爱情的时候,陪在你身边的,还是当初和你一起坐在屋顶唱着歌的人;只愿你不要在困境面前轻易放弃,能永远不忘初心,护家人一世安稳……"

我忽然泪流满面。

放下你的自以为是

那澜

很多时候,我觉得,这世界上最可怕的从来不是失败,而是自以为是地活在虚假的臆想里。秉持着这样或那样的"我以为",艰难度日、奋力攀登,却忘了最初的自己。其实人生是什么?人生不过是一次又一次地放下和一次又一次地再出发罢了。没有什么是好或者不好,适合你的、让你幸福而舒适的,才是好。

我有个闺密,叫洛以礼。

洛以礼有个外号,叫"驴儿"。这不雅的外号,被人从小叫到大。"洛以礼,lü 驴",也不知谁这么智慧无穷、善于变通。对此,洛以礼嗤之以鼻,表现得泰然自若。被叫得多了,干脆将课本、作业一律签名"lv"。

只有我,一直坚持叫她洛以礼。所以,我是闺密,别人都是路人甲乙。

前几天,我约她喝茶。

她个儿不高,但身材极好。细高跟,长波浪,眉目妖娆。三十好几了,照样穿得青春靓丽。她进门,满屋子的汉子们眼儿都直了,眼珠子掉了一地。她不为所动,几步路走得跟奥斯卡红毯秀一样风生水起。服务生姑娘过来介绍本店特色,夸她衣服好看,问她哪里买的。洛以礼笑眯眯地报了商场名,那女孩就笑:"我也有件类似的,也是那家商场买的,怎么就不好看?"洛以礼摘了墨镜,笑容满面又认真桀骜,她说:"这个……其实是人的问题。"

我几乎看见女孩儿眼中翻过的白眼,心底里暗搓搓骂了声"这头驴儿"。

这人就这样,行事乖张,倔强直爽。

洛以礼的英文名,叫 Lee,意为避风处、庇护港。

洛以礼是做律师的,她只接离婚官司,做法律援助。工作的时候,她长发高束,一丝不苟,专业精通,行事泼辣,他们事务所,上到老板,下到实习小妹,几乎没人不服她。离婚案子没大事儿,家长里短、清官难断。可不管多棘手的事儿,但凡交她手里,没有搞不定的。

前几日,她接了个案子。无非是"可共苦难同甘"的老桥段。被抛弃背叛的女人头发凌乱、面色憔悴,两眼肿得像个烂桃,哭得肝肠寸断。洛以礼好言安慰,再三保证,对方却一直没完没了地痛诉革命家史。洛以礼驴了,手里的资料夹"哐"的一声砸在桌上,她说:"做女人做成你这样失败不失败?哭哭哭,到这会儿你还哭,哭要有用你来找我?!我现在要你做的,是维护你的权利、保障你的未来!老娘要赢这场官司,根本就不是为了你那什么千辛万苦的过去!去他的过去!"

女子惊得目瞪口呆,泪珠子含着半天愣是没敢往下掉。

官司打到一半,男方找上门,托了关系,找了朋友,定了酒店,请她"屈尊"。洛以礼脱了职业装,散了大波浪,眉目精致,妆容得体,应约而至。她无视对方收买恐吓,安静看着那人,把法律条文、证据证词、人情世故,清晰明了地分析一遍。对方偃旗息鼓,官司停止,庭外和解,女方大获全胜。

不过,她们律所也有个不成文的规矩:一般的离婚案,不用找洛以礼。涉及家庭暴力的离婚案,不能找洛以礼。

因为,在洛以礼这儿,一旦涉及家庭暴力,那都会归于法律援助的范畴。结局通常不会是离婚那么简单,就算女方中途心软,想放弃追究责任,那都不行——洛以礼是一定会让施暴者付出代价的。

洛以礼就这么驴,直来直去,从不变通。

可他们不知道,每接完一个离婚案子,洛以礼都要来我家骗吃骗喝,美其名曰"享受人间温暖"。他们也不知道,每接完一个家庭暴力案子,洛以礼都要躲起来修养三天,美其名曰"寻找人间归途"。

这三天,谁都不知道洛以礼去了哪里,我也不知道。

我只知道,洛以礼 32 岁了,至今未婚,拒绝恋爱。据说,那些给洛以礼安排过相亲的人,现在见了她还绕道走。洛以礼不相信爱情,更不相信有什么人能陪她天荒地老,能给她温情厚意。她说:"那都是骗鬼的。真那么多好事儿,谁找我打官司?这世界上,谁都陪不了谁,凡事就得靠自己。"

她扛着这样自以为是的论调打官司,仿佛正从婚姻的泥沼中拯救一个又一个的迷失灵魂。

洛以礼只有一个称之为死穴的命门,提都不能提,那就是陆东泽。

认识陆东泽那年,我和洛以礼十二岁,陆东泽十八岁。他穿浅粉的衬衫,说:"道之以德,齐之以礼。洛以礼,这名字好!"然后,陆东泽成了当时除我之外唯一一个不叫洛以礼"驴儿"的人,他叫她:以礼。

以礼,以礼,真好听。

那时候的洛以礼还是个小屁孩,瘦巴巴的一点儿也不好看,就两只大眼睛水灵灵的,咄咄逼人。要不是陆东泽,我甚至不知道洛以礼是个胆小鬼。陆东泽说:"以后,我在校门口等你们吧,你瞅瞅以礼可怜的,过个马路跟死一遭似的,小脸儿煞白。"

从十二岁到十八岁,洛以礼用六年的时间读完初高中,陆东泽用六年的时间,接送她过马路,雷打不动——陆东泽成绩不差,当年美术课专业成绩全市数得着。但他连美术专业考试都没参加,吊着胳膊放弃了,骨折。他不复读、不高考,说文化课太差,拖后腿。

陆东泽摆过摊，卖过早餐，最后，在学校对面开了个小画店，专业服务学画的莘莘学子。天知道，那时候的洛以礼正是这群"学子"中的佼佼者。据说，洛以礼是一中最有美术天赋的学生，只要保证文化课，考上清华美院没问题。

我以为，陆东泽铁定喜欢洛以礼，就好像洛以礼肯定喜欢陆东泽一样。最多等到洛以礼高中毕业，他俩肯定得有一个人会表白。我猜那个人是洛以礼。

可是，高三下学期，陆东泽的父亲死了，陆东泽失踪了。小城里到处是流言蜚语，说陆东泽的父亲爱喝酒，喝完就骂人，骂高兴了就打，骂不高兴也打。陆东泽是被打大的，他妈妈是被打跑的，也许被打死了。现在，陆东泽杀了他爹跑了，这是畏罪潜逃。这些话，说得有鼻子有眼，好像陆东泽是在他们眼皮子底下杀人一样。

洛以礼疯了。她不说话，但她满眼兵荒马乱。寒食节那天，洛以礼生日，恰逢书店易主。洛以礼平生第一次喝酒，大醉。喝醉了的洛以礼很乖，她不哭也不闹，安安静静坐在书店门口，笑眯眯地靠在卷帘门上，死也不走。那门上有陆东泽画的卡通头像，脑门上大大写着一个"洛"字。

谁的青春不疯狂，大概这是我经历的最疯狂的事儿。十二点，洛以礼的老爹——市刑警大队的洛宾洛队长，拽着三个派出所的警员全城总动员找她闺女。

但是洛以礼毫不领情,她笑嘻嘻地说:"老洛,你别以为我不知道啊。"

酒醒之后,洛以礼跟换了个人一样。英姿勃发,斗志昂扬。她大手一挥,长发剪成毛寸,画笔画具全数扔进垃圾桶,发誓要做全国最好的女律师,任凭专业老师声泪俱下苦口婆心,她丝毫不为所动,就这么闷着头一猛子扎下去了,高考,复读,一路从大学读到博士。等她进了全市最好的律所独挑大梁,我已经嫁人生子,从此人生大不同。

洛以礼还是孤独,好友除了我再无他人。母亲远在外省,父亲老死不相往来。

我接到洛宾电话时,是在半夜。洛叔叔声音沉寂,跟要化在夜色中一样。他说:"那澜,你是以礼唯一的朋友。你觉得她再这样自以为是地拼下去,会不会先把自己累死了?"

洛宾得了癌症。得到确切消息的时候,我看见了陆东泽。实力地产商、知名画家、"以礼画廊"老总,诸如此类的头衔下,陆东泽的名字晃得我眼疼。他三十八岁,被誉为钻石王老五。他说:"我没这么伟大,谈不上回馈乡里,我就是来找回我的记忆。"

洛以礼异常平静,就牵着我的手一动不动,那表情跟当年过马路时一模一样。

那天,洛以礼醉了。她踩着十厘米的细高跟,牵着我的手漫游都市，最终回到面目全非的一中门口，那里什么都没有。半夜十二点，洛以礼站在大街上，手机铃声大震。她只看了一眼，忽然号啕大哭，她说："去他的陆东泽，滚！"

她把手机摔得稀巴烂。她说，没有家暴，没有杀人，没有洛宾从中作梗。他只是走了，流浪、结婚、创业、发家致富，人生辉煌。

她说："我自以为是地活了二十年！我不喜欢当律师！去他的人间疾苦！去他的陆东泽！"

洛以礼走了。时隔十余年，当陆东泽功成名就回归故里，洛以礼走了。

你知道什么叫自以为是吗？其实自以为是不仅仅是你觉得自己都对，然后一意孤行、刚愎自用。它更像是你给自己织了一张网、困了一个局。"我以为"，有多少人活在这种"我以为"的假象里。"我以为你爱我……""我以为我可以……""我以为他能够……"很多时候，一些人，一些事，但凡以这三个字开头，便意味着一种"着相"的开始，就注定了一种惨淡的收尾。人世间的事，从来不是自以为是可以扭转改变的。世事"不如意事常八九，可与人言无二三"。

生活的荒谬，往往就在于每个人都有一套自以为是的"真理"。

你过得了千帆，胜得了万难，唯独过不了这份"自以为是"。如何放下？放下你的执念，生活未尝不会给你一个新的开始。

洛以礼去了大理，开了间客栈，养着她老爹，嫁给了隔壁家的酒吧老板。洛以礼招呼我去参加婚礼的时候,我惊得下巴都掉下来了。

她不再浓妆艳抹,不踩十厘米的高跟。亚麻的袍子随意挽着袖,长发用一根铅笔簪着,穿人字拖。她挽着我的手,趾高气扬地走在大理的青石板路上——这儿车少,她再也不用因为过马路惊慌失措。散步归来,路遇一位老太太,温和地冲着她笑,洛以礼嘻嘻哈哈地走过去,忽然回头看着那背影:"哎呀!坏了!那是我婆婆!"

然后风一样地跑回去追。独留我在风中凌乱,却笑眯眯地想:这样可真好。

你看,人生是什么?人生不过是一次又一次地放下和一次又一次地再出发罢了。没有什么是好或者不好,适合你的、让你幸福而舒适的,就是好。

那么,放过自己吧。

没有可不可以,只有愿不愿意

玉凡瑶

人生如逆水行舟,不进则退。只有对自己不将就,才能变得更优秀;对生活不将就,生活才会给你丰厚的回报。

一天,很短,短得来不及去拥抱清晨,转身就已是黄昏垂老。一年,很短,短得来不及细品春的姹紫嫣红,就迎来冬的银装素裹。一生的时间,那就更为短暂了,好似短得还来不及好好享用青春的翠绿与张扬,就已经是身处迟暮,泛泛白发。

清浅的时光,总是走过得太快,领悟得太晚,感伤得便太多。岁月碾压过的痕迹,太过深刻,当我再次见到曼荷时,是在五年后的昏黄灯光下,记忆却好似昨日。

今年的同学聚会,曼荷又没有参加。天地作证,她绝不是一只丑小鸭,短发齐耳,麦色的皮肤衬着一张娃娃脸,整体感觉还行,就是声音爆了点。自从大学毕业后,每次同学聚会她嚷嚷得最凶,可这几年,她几乎再没来过。

我的签证下来了,去澳大利亚进修医学课程。离开前,我给她挂了电话,约她在厦门大学左边,我们常去的那家餐馆见面。

电话里,我的愉悦险些被她的安静冷场。对着话筒,瞪眼足足有五秒。

我是一个时间观念很强的人,可是说好六点的,却足足等了她半个小时。我的咖啡续了第二杯,随身带的医学课本,也已经翻了几页。当看见她安静地站在我的面前,一时间,我忽然有种奇怪的感觉,又说不出是一种什么感觉。好似老辈人那一种瘦弱,但又感觉自己的形容是一种罪过。

淡淡微笑,有些生分,早已想象不出当年我们在被窝里的张扬。此时,服务生给她送过来一杯咖啡——玛琪雅朵,它在意大利文里是印记、烙印的意思,所以象征着甜蜜的印记。我喜欢幸福的感觉,因为人活着本身就是一种幸福。

在杯里的奶泡,渐渐被划开的时候,她的话渐渐变多。一刹那,我为自己刚才荒谬的想法得到了答案。十几年过去了,除了渐长的年龄,眼前的女人跟十年前的那个曼荷,是同一个复制品,没有什么区别。

此时,她穿着一件暗黑的外套,聊着上学时宿舍里的那些往事,说着办公室里的钩心斗角,以及无趣人生。我脸上的淡笑变成了安静,我喜欢理想,她却说着菜场里大妈们的讨价还价。需要一只耳朵,畅想出国后的梦想,却怎么也开不了口,聚会变得索然无味。

当初的激情不再,剩下的也只是时间的沉淀。

结束后,我开车送她回家,她本是拒绝的,但我热情高涨,最终她拘谨地笑笑,探身坐了进去。

"时间过得好快！"车里有些让人窘迫的安静，我打开了音乐，想找点青春的感觉。

"我们都老了。"开着车，我承认我的笑容有些突兀。

"你开上了汽车，而我还每天奔波在各个车站里。"转头看着窗外，曼荷笑笑，"我每天早晨要转三趟才能到公司。"

透过反光镜，我看见了陌生的面孔，这不是我，大脑一时间没有反应过来。

"上下班高峰期，可以理解。"

"我说，我混得不好，没有你们好。"

此刻大脑里，绝不仅仅是突兀，还有惊讶。我本是想在出国前，重温一下学生时代的那股不怕死，一股向前冲的冲劲，好让自己在异国生活得好点。在陌生的环境里，没有顽强的生命力，不可能长得大。可是此刻，我最想做的事情却是闭嘴。

"人活着，就已经是一种幸福了。"

我讨厌这样的聊天记录，生硬，又窒息得很，与我来时的心情，大相径庭。

回到家，百思不得其解。

大学那一刻，曼荷的表现在我们几个闺密中，算是优秀生了。学生会主席，校团委副书记，一个个她都混得游刃有余。可毕业后，其他同学一个一个混得有声有色的时候，她却忽然销声匿迹。听说开始留了校，做了导师助理。大约是性格上的不合适，她辞职去了一家国企，做了一份朝九晚五的工作，平静而又平淡。

生活除了眼前的"苟且",应该还有远方。为生命而活着,选择努力才是对人生的最好选择。

回国后,我又见过她几次,聊天记录像复制般,依然生硬,除了抱怨工作的不好,剩下的就是抱怨命运的不公。安静地看着眼前的女人,细品着手里的意式特浓咖啡,我有些不想看这人的眼睛,尽管她曾是我最好的朋友。

"换一种生活方式?"

"每天都在想,可是怎么换?"她点点头又摇摇头,双眉间的挣扎,在锁紧的眉毛里打斗。

"这份工作待遇稳定,福利有保障……你能告诉我,下一站肯定比这好?"

曼荷的话音刚落,我口中的咖啡更苦了。

没有谁能为自己的人生打保票,更没有人能为别人的人生打保票。也许下一站会更好,也许不会,人生有太多种可能。如果你需要找一个榜样来鼓励自己,自然也不是难事,反之,悲剧也很多。

多年前,我喜欢玛琪雅朵,享受着我的小幸福。浓重的苦味让我想到了异地的学习,所以现在的我更喜欢意式特浓咖啡,因为它更贴近我的内心。时光走过,或许比那更甜,也或者比意式特浓咖啡更苦,但这才叫生活。

看着她安静地划着奶泡,心里有种隐隐约约的惋惜。作为旁观者,我好似看见了飘摇于风尘里的那颗心,早已寻不见最初的锋芒与豪情壮志。

其实不需要对生活太用力，心会带着我们去该去的地方。若裹足不前，心里就是一片死海，根本无法到达幸福的彼岸。

语言无力时，让沉默渲染一切，但一定要知道自己想要什么。做自己喜欢做的事，去想去的地方，做最真实的自己，努力地将自己脚下的路，走成幸福的模样。

人生如逆水行舟，不进则退。只有对自己不将就，自己才能变得更优秀；对生活不将就，生活才能给你丰厚的回报。不要在奋斗的年纪选择恬逸，多一点踏出去的勇气，你原本可以过上更好的生活。

曼荷的故事，让我想起了年轻时的父亲。起初，父亲退伍后，在一家工厂里做文化部工作，因为他会拉奏二胡。平时听听单田芳的评书，日子过得恬静、舒适，活生生的小资生活。

在我小学时，他忽地觉得这份工作不是自己想要的，竟辞了职，去了厦门。20世纪七十年代，能有一份工作，简直是一份令人羡慕的事。在别人温饱还没完全解决的时候，那就意味着一个铁饭碗，意味着一辈子的舒适和保障。

因为辞职，母亲天天吵着，我也害怕，我不喜欢陌生的环境。

怎么会有人愿意放弃这样一份工作，去一个人生地不熟的地方，追求什么虚无缥缈的理想呢？去厦门的前一晚，看着躺在床上的我，父亲一脸的意味深长。工厂不是一个能够长待的地方，必须要有一技之长，老辈人也说过"荒年饿不死手艺人"，手艺才是人生的铁饭碗。可那时的我才十四岁，还不懂得人生这类深奥的问题。

十年后,国有工厂纷纷倒闭,与父亲一般的老辈人,都下了岗,一把年纪找工作处处碰壁。习惯了养尊处优,但为了生计,一切又不得不失去生活原本的轨迹。而这时的父亲已经在厦门开办了一家生产二胡的木质工厂,这不单单延续了他对二胡的喜爱,而且养活了一大家子。

是他特别有远见,还是他早就嗅到了人生的危机? 这些我不愿去想,但我知道自己特别喜欢厦门大学门前那一排排的绿荫葱葱。

优秀的人不难遇到,努力永远在路上。曾费尽心思想把真相掩藏,将自己装裱成对方眼里的好人,远远地看去,连自己都不认识了。擦肩而过后,嘴角竟漾起微笑,这是我们想要的生活吗?

"远方"或许不能一下子就能改变眼前的安逸状态,却可以把你从"安逸"之中拔出来,让你大大地舒一口气,休整一下疲惫的灵魂,然后继续上路。而此时的曼荷早已被安逸的生活困住了双脚,迈不开步,又回不了头,日子就这么僵在了那里。

其实,我们没有必要跟着时间走,只需跟着心态和能力走,努力做最真实的自己。要是累了,最好的办法就是让自己再累一些。累得彻底,才能从中脱身,演绎新时代的涅槃重生。

爱,让天空湛蓝

淡月

　　爱是一种能力,爱是一场修行。有爱的生活总是春天,没有爱的世界一地荒凉。爱与被爱都是幸福而甜蜜的,只要心中有爱,天空永远湛蓝。

　　心里苦涩,记着吃一颗糖果,甜瞬间蔓延,苦涩便溶解在甜蜜中。遭遇绝望,抬头仰望太空,浩瀚的宇宙使一切显得渺小,绝望也就变得微不足道。

　　"阳光,沙滩,还有湛蓝的天,涌进我的眼里,那一刻,我觉得拥有了整个世界。心在雀跃,我一路狂奔,跃进海里,奋力游泳,情绪沸腾起来,原来我真的可以如此快乐!"

　　逸凡告诉我时,声音哽咽。

　　我为逸凡高兴,他彻底走出冰封的世界,能够用心聆听自然的声音,涌动着属于自己最真实的感情。

　　逸凡是我的病人。一年前他的父母带着他来见我。那时的他,沉默寡言,总是低头看着脚尖,偶尔抬头看看窗外飘飞的落叶,眼光从不在我和他的父母身上停留。面色青黄,瘦得只剩下骨头和皮。

他的父母告诉我有关逸凡的故事。和所有的留守儿童一样,他的童年是跟随乡下的奶奶度过的。他们夫妻二人仅是他概念上的父母,缺少交流,更缺乏感情。在他上初中时,就想接他出来,他怎么也不愿意。后来奶奶越来越老了,逸凡也该上高中了,才不得不和他们同住。逸凡来后,与他们并不友善,更不亲近,对他们总是敷衍和防范,若不遂他的意,逸凡看他们的眼神满是敌意。只有和奶奶通话时,才能听到他温和的话语,看见他灿烂的笑容。

高考结束后,奶奶进城看他,因车祸去世。他把自己关在房间里三天,不吃不喝。出来后不言不语,不愿意吃东西,父母坚持要他吃,谁知吃什么吐什么,到后来甚至不能进食,靠营养液为生。父母带着他四处求医,医生的结论相同,身体没有问题,建议我们寻求心理医生的帮助。

我知道逸凡患的是应激性精神障碍,我太熟悉这个病了,也知道病患者的痛苦所在,更知道该怎样去治愈他。

他的父母把他交给了我。父母走后,逸凡抵触的情绪似乎好了些。

看着躺在摇椅上的逸凡,紧闭眼睑,一脸的慵懒与倦怠,外界似乎与他无关,裹紧衣服的双手抱着双臂,拒绝与外界交流,同时也拒我于千里之外。

此时的他,什么也听不进去,我放了一首曲子《草帽歌》,点了单曲循环。曲子放了三遍后,逸凡有了变化,面部的肌肉开始抽搐，身体有些颤抖，眼角滚下了泪珠。我知道时机到了，不管他听没有听，我给他讲了一个故事。

雨夜，一个漂亮的女孩降临人世，爸爸妈妈叫她小雨点。在她呱呱坠地那一刻，父亲抢下了她与母亲的第一张合影，母亲抱着她和父亲泪流满面。小雨点的到来让他们的家圆满，小雨点是家的中心，父母手心里的宝。

小雨点的生活里是满满的阳光和快乐，她从不知道世界上还有忧愁和苦难，她就这样一天天长大。

生活不可能总是甜而没有苦，若是这样你永远都不会知道生活最真实的模样。

在她十三岁那年，发生了一件大事，改变了她的整个人生。他们一家自驾游稻城亚丁，因机械事故父母双双罹难，只剩下她。小雨点的世界瞬间黯淡无光，坠入暗无天日的黑洞。在父母离开的三个月里，她没有说过一句话，没好好吃过一顿饭。整个人从外到内的冰冷，外婆不离不弃地守护着她。每天往小雨点房间插鲜花，坚持给她做喜欢吃的东西，还给她讲故事。在外婆的故事里小雨点知道了一个秘密，也是因为这个秘密小雨点站了起来。

外婆不是小雨点的亲外婆，是小雨点妈妈的病人。在一次大地震中，外婆失去全部亲人。当她醒来时，只模糊记得有一个女儿，还有那些恐怖画面，其余的事情一点也不记得。正赶上小雨点的妈妈来查房,外婆抱住妈妈,喊女儿。为了让这个遭遇大难的老人活下去,小雨点的妈妈做了她的女儿,并担负起赡养她的重任。

三年后的某一天,外婆突然恢复了记忆。巨大的痛苦再次袭击了她,她差一点吞下了整瓶安定。想到小雨点的妈妈三年来为她所付出的爱,她为自己的自私而羞愧。为了这份爱,外婆继续装着失忆。

爱能让人温暖,爱能让人坚强,爱能让人无私。

看着外婆蹒跚的步履,佝偻的背影,头上闪亮的白发,小雨点在爸妈离世后第一次流泪。那一刻,她醒了,也突然长大了。

小雨点站起来了,她担负起了母亲未完成的任务,自己好好活着,让外婆活得更好。

"你是小雨点?"逸凡突然睁开眼睛直视我。

我点点头。

"他们很爱你,你也爱他们,所以你能站起来。爱我的奶奶走了,把我孤零零地扔在这个世界中,我失去了爱我的人,我的爱也没有了依托。"逸凡很伤感,更多的是缺失爱的孤独。

我没打断他,让他尽情地倾吐心事。

待他停止倾诉,我告诉他:"奶奶不是你唯一的爱,还有你的父母和更多的人。当你用心去体会、去感受,你会发现他们爱你,你也爱他们,没有爱就不会有怨恨和敌意。爱需要用心去体会,试着和你周围的一切友好相处，包括人与动物。爱能复苏一切濒临死亡的生灵，即使躯体离去，灵魂也会永远鲜活。爱是一种能力，爱是一场修行。有爱的生活总是春天，没有爱的世界一地荒凉。爱与被爱都是幸福而甜蜜的，只要心中有爱，天空永远湛蓝。"

逸凡的眼里有了光芒，封闭的心灵之门在开启，只要让他懂得爱的意义，他会重新站起来的。

回家后，他开始关注身边的一切。

他发现，每天早晨，餐桌上总会有热腾腾的早餐；每晚书房的桌上都有一杯热度合适的奶；每天卧室的桌上都会有一瓶新鲜的花，乱丢的书、衣服都整理得干净整齐。父母从不要求他做什么，更不会打扰他的生活，只是默默地为他做好这一切。

他在一本书里看到，没有人会知道你需要什么，有什么爱好，有什么痛苦，若有人能准确地知道这一切，并及时给予你所需要的一切，只有一个原因，那就是他心里装着你、爱你。人必须学会珍惜与感动，这是个人素养里最珍贵的品质。

他确定父母是爱他的，他也想与他们融洽亲密相处。然而父母怕惊扰到他，总怕接近他就会惊走他，于是与他保持着一定距离。爱他但不亲近他，逸凡很痛苦。他也是一个穷于语言表达的人，于是他决定闲暇时为家里做点力所能及的事情，希望通过这一切改变与父母之间的疏离关系。

他包揽了家里的清洁卫生，修剪家里的花草，还特意为母亲养了一只日本银狐犬。希望父亲和他外出时,母亲不至于孤单。

父母看见他所做的一切,心里很高兴也有些忐忑,怕他是另一种病态的反应。逸凡不灰心,他知道物体坏了容易修复,心灵的裂痕是很难修复的。

他注重与父母的交流和沟通, 自己的一些事情也会征询父母的意见,传统节日一定在家陪父母。后来父亲生了一次重病,他让母亲回家休息,自己在医院守护着父亲,直到父亲病愈。出院那天,父母紧紧地拥着他流泪。

他利用学习之余去做义工,经常去街边帮助流浪汉理发,去敬老院陪伴孤独的老人。有时他还会来我的诊所帮忙,用他的切身经历医治患有应激性精神障碍的病人。

他告诉我,现在的他很快乐,特别是感觉父母依赖他,信任他,他觉得自己很有成就感,真正地成了一名男子汉,成了父母的依靠。他很幸福,特别是看见那些他帮助过的人微笑、激动的眼神。我打心眼里为他高兴,看着他流光溢彩的脸,他的努力总算有了圆满的结果。

逸凡告诉我,他现在所做的一切,是刻意而为之,是为了解封自己冰冻的世界,全凭着一腔热情和执着去做。他想把这一切变得自然而随意,成为一种习惯,让慈悲与爱永远植于他的血液里。我建议他去游历,当自己独自在路上时,没有了周围的眼睛和过去的阴影,就会自然地流露出自己的本真。

逸凡上路了,很是愉快。一路的风景,都是那么入心入眼。

突然,他听见路边传来一个声音:"小东西,别怨我!吃了你是为了弥补我的损失。谁叫你偷吃了我唯一的一根腊肠，我都快饿死了。我都没舍得吃，你却一口吞了下去。"

逸凡看见，一个长发披肩、衣衫褴褛的流浪汉左手攥住一只瘦巴巴的小黄狗，右手拿着一把刀在小狗眼前比画着。小黄狗水汪汪的小眼睛可怜巴巴地看着流浪汉，浑身发抖，嘴里咦呜、咦呜地哀求着。

逸凡看了这一幕，冲上去夺下了流浪汉手里的小黄狗。流浪汉拽住逸凡的大腿，让他还狗，嚷嚷道："饿死人了！狗死，我都不能死。我是人，它是畜生。"

逸凡救下了小狗，也救助了流浪汉。他把包里的干粮都给了流浪汉，他还为流浪汉理发、送衣服、送钱。

流浪汉走远了，逸凡抱着小黄狗感觉从未有过的愉悦和幸福。他找来一些木棍与叶子在车后为小黄狗临时做了个窝，把小黄狗放了进去，带着它一起上路。

一路上，一人、一车、一狗，幸福而快乐。几天后，他们到达了第一个目的地——北海。

大海、蓝天、沙滩、阳光，呈现在逸凡眼前，心豁然开朗，满眼含泪，激动而愉悦。从窝里抱出小黄狗，一人一狗奔向了大海。

生活就是这样，不总是长成你需要的模样。无论你遭遇了什么，心一定要温暖，爱也要永存，一切的忧伤和痛苦都会被爱所抚平。爱的能量是巨大的，它能重塑一个崭新的人，更能让这种力量发射蔓延于生活的每一个角落，开启我们最美的情感，让溢满暗香的生活缠绵于整个人生。

不用去羡慕别人,你也可以做得很好

叶喃

我们习惯羡慕别人的幸运抑或是幸福,站在他人光环的阴影中自叹弗如。其实,很多时候,只要你给自己一个机会,你会发现,属于自己的那一片光明更为闪烁。

小青姑娘最终做出决定,加入了"北漂"一族。

刚大学毕业的小青放弃了保研的机会,放弃了已经签约的稳定工作,而选择了"北漂",无疑引起了家人和朋友的不解与反对。

由于高考发挥失常,学霸小青来到了一所二本院校。与很多新生一样,小青对这所学校的感情是复杂的,心有不甘,却又夹杂着一丝欣喜。不甘于"屈尊"普通大学,对大学新生活又憧憬满满。

小青就读的学校的隔壁是一所名牌大学, 被隔壁大学自带的光芒刺痛了双眼,小青暗暗发誓,既然已经输在了高考,绝不会让自己再输在大学。

有人把高中比作炼狱,而经过高考的涅槃,再来到天堂般的大学。的确,不同于高中生活的三点一线,大学的生活是丰富多彩的，没有人会再紧盯着你的学习，不会有做不完的作业，不再对高分有着无比的期许。

从时间紧张如金的高中，再到个人自由支配时间充足的大学，由一开始的不适应到逐渐接受，小青完成了高中生到大学生的角色转换。

除却不多的课程，小青激情于社团活动，高昂于干事选举，她的身影活跃在各个场所，亦赢得了众多的掌声。与埋头于试卷之中的高中生活太不一样了，大学的每一刻，似乎都充满了活力与精彩。"生如夏花般灿烂"，小青喜欢这种热闹的生活。

作为班级与学院的干事，经常熬夜工作是常事。而因工作逃课，也成了不是那么让人难以接受的一件事。当小青的才能渐渐得到更多人的肯定时，小青觉得所有的付出都是值得的。

然而，当大一第一学期结束，小青收到补考的通知时，那一刻对于小青来说无异于晴天霹雳。大学里流行一句话，没有挂过科的大学是不完整的，而当小青终于可以"无憾"于大学时，她却后悔不已。

小青从来没有想过自己会考试不及格，对于成绩一向优秀的她来说"不及格"三个字从未与她打过照面。只是，如今却成了现实。难以接受，却不得不接受。

小青知道自己不及格是有原因的。奔波于各种活动，当学习与工作冲突时，她毫不犹豫地选择了工作。从白天到晚上，身体或思维没有停息,却不是因为学习。

曾经的她是爱学习的,抑或是爱阅读的,一本好书,足够让她废寝忘食,流连忘返于书中的淡淡墨香。小青始终记得一句话,身体与灵魂总有一个要在路上,繁忙于学习脱不开身,那就放飞自己的思绪,在学习中,在阅读中。

而如今的她,随波逐流,看似忙碌,细细回想起来,不过是一些杂事,却荒废了学业。盲目追求他人认可,却失去了自我认可。

小青想到了刚进大学时自己的誓言,想到了那个被自己遗忘已久的梦,想起了初来乍到时对隔壁学生的羡慕目光。

这样一种人云亦云的生活,真的是自己喜欢的吗? 小青这才幡然醒悟,自己想要的从来都很简单,不过是做自己,做好自己。

新的学期,新的开始,新的人生。小青辞去了学校的工作,不再热衷于各种社团活动,而是有选择地参与活动。她要留给自己更多的时间与空间,做自己想做的事。

当启明星还泛着微光时,小青告别了温暖的被窝,开始了新的一天。当她到达图书馆门前,看到长长的队伍时,心里是感动的。感动于他们的努力,感动于自己的抉择。偌大的图书馆,安静惬意,没有掌声,没有喧嚣,只有偶尔的翻书声。

小青最终获得了学校年度阅读榜第一名,并在阅读时察觉到学校图书资源存在不足。小青给学校领导写了一封信,她的馆际互借建议得到了本校与隔壁大学的认同与采纳,小青因此受到了双方校长的热情接待。小青亦戒掉了熬夜的不良习惯,开始注重身体健康。她有梦,需要健康的身体为支撑。

当小青向学校负责人递交了双学位申请后,很快得到了领导的审批通过。从此,小青再次过上了如高三般的繁忙生活,却不再觉得枯燥,而是倍感充实与动力。高中的学习是被安排的,而如今小青的生活是主动的,忙碌却不紊乱。

蓝天白云,没有排除在小青的视线之外;清晨的鸟鸣,日出时的朝气,伴随着小青一天生活的开始。而与朋友的结伴旅行,亦成了小青生活中不可或缺的一部分。

四年的时光,不算长也不算短,不足人生的二十五分之一,却是人的一生中最重要的时段之一。而对于即将毕业的小青来说,往事历历在目,四年的时间,仿若被浓缩成了一天,那就是鲜活的昨天。

小青顺利获得了双学位,当她以优秀毕业生代表的身份站在毕业典礼舞台上时,面对台下投来的惊羡目光,小青的内心一片平静。从一个挂科的女生到破例被保研,小青一时成了学校的传奇。

"你看到过凌晨五点的微光吗?你重温过如高中般的枯燥生活吗?你阅读过上千本书籍吗……"小青的目光平静地落在台下众人身上,"你们无须羡慕我,我并不是一个传奇。我始终相信,只要你们愿意,便可以创造自己的传奇人生。"

不辜负最美好的年华,才算得上青春,而在青春年华里,努力过,便会有所获。

我是在青海湖相遇小青的。青海湖,一个充满着神秘又浪漫的湖泊。

那是一个艳阳天,却突然下起了暴雨,短时间内没有停的迹象。春雨微寒,我不得不到湖泊旁的茶楼避雨。

我看过许多次艳阳下的碧色青海湖,却是第一次看到雨幕中的青海湖,朦胧中更添一份粗犷的美,让人多了一份想象。

"你好,请问这里有人坐吗?"一道灵动的声音拉回了我出神的思绪,我对来人微笑着摇了摇头。

好一个淡雅的人儿,这是我对小青的第一印象。

旅途中的人,心与心更易接近。由于互生好感,此次分别后,我与小青一直保持着联系。

后来,小青经过了严格筛选,被所在公司公派出国深造。在小青出国的前夕,我特地从外地赶去祝贺。

小青给我讲了一个毫无背景的独自"北漂"的女孩的故事,讲述了女孩当初大学毕业时的毅然选择,讲述了女孩初到北京时住在终年不见天日的狭窄地下室的那段日子,讲述了女孩湿漉漉的求职经历,讲述了女孩走向成功的荆棘之路。

小青的语气始终淡淡的,没有一丝抱怨,没有一丝后悔。她望向远处的目光,清澈又坚毅。

"后来呢？"

才问完，我就笑了，笑自己多此一问。小青并没有说那个女孩的名字。可是，那个女孩，不就是眼前的小青吗？

后来，小青成了现在的她，成了那个自己欣赏的人。

一座城，两个人，一个故事。

我坚持送小青去机场。

"真羡慕你的人生，精彩无悔。"在小青转身的刹那，我终于忍不住感慨出声。

小青回过头来，并没有说什么，我们只是相视一笑。从小青的目光中，我知晓了她的回答。

或平淡或精彩，万千人，万千种不同人生。而作为独一无二个体的我们，无须惊羡他人的出彩，只因为，经过努力，你也可以做得很好。

假如生活让你失望,请不要绝望

那澜

别难过,也没失望。世间的事,大抵就是这样的。素日晨昏,我们虔诚生活、精心度日,可人生却并不会因此就回报给我们一帆风顺。总有那么多不如意,拥拥挤挤、前仆后继地充斥在我们身边。亲爱的,你可以失望,却不要绝望。很多事情你经历了,却并不一定清楚,你看到了,却不一定真实。每个人都不是步步摔跟头的倒霉蛋,也没有人是一帆风顺的幸运儿。别忧伤,别放弃,保有梦想,敞开心扉,生活会更好。

接到澄城电话的时候,就连我都觉得万念俱灰。

"阿澜,到现在我才明白,原来……所谓绝望,就是你眼中、脑里、心底一无所有、空无一物,竟是一个字都说不出来的。"

那一年,澄城三十岁,跌入了她人生最惨烈的低谷,失业、丈夫出轨。她因胃痛入院,竟查出肿瘤,良恶未知。她腹中刚刚两个月的胎儿难保。

我见到她时,她垂头坐在医院雪白的病床上,面无表情,一言不发。四下里都是白,恍惚她正独自掩埋于一丛又一丛沉闷的积雪中,没有尽头,也无从跋涉,周遭冷得令人窒息。她看着我,双手无意识地护着小腹，半晌方吐了一句："怎么办呢……"

肿瘤病理结果已出：恶性。

"怎么办呢"不过四个字而已，就轻易将她现状潦草概括了。四个字，如同是一簇牛毛细针，扎得我内心千疮百孔、痛不可当，哭都哭不出来。

这是我自幼一同长大的挚友，同经历了年少无知，同度过了青春无瑕，同经历了岁月无常。

我落荒而逃。

"站住。"临出门，澄母忽然出声。她身下沉重的铁椅粗糙划过地面，发出一种近乎尖利的呻吟。她顿了顿，"阿澜，你不能走。你扶她起来，我带你们去一个地方。"

"你们还记得泾河边上那个捡垃圾的老婆婆吗？"

我点头，澄城无动于衷。

泾河，是我跟澄城长大的地方。

我们有大把的时光挂在那条长长的巷子里。巷子这头，有一处高大的建筑，古旧的青灰色的石头堆砌出沉闷的庭院，角楼高大。那宅子常年锁着，院子里却盛开着各种各样的故事，红衣的女鬼、会吐钱的金蟾、能说人话的"山臊子"。而巷子的那头，是一条临河的街，每到夜晚，街上的青石板就会映出月亮白茫茫的光，岸边树影狰狞，河水呜呜咽咽的，让人心生悲凉。

我和澄城都不喜欢那条街。故而，我们宁可忍受着老宅子边

"坏小子"们的恶意恐吓,也不肯在夜晚途经泾河。后来,直到我们快搬走的时候才忽然得知,夜晚呜咽的并非河水,而是泾河河滩上一个捡垃圾的老婆婆在摆弄古埙。

这简直是滑天下之大稽。

澄城一路无精打采,只靠在我肩上喃喃自语。翻来覆去,不过是"失败若此"。澄母不悦,蹙眉呵斥她住嘴。澄城双唇一抖,无声滑下的泪都是冷的。

我有些诧异,印象中澄城的母亲总是温和精细的,一辈子淡定安和、语不高声,从不曾失态。即便是初来泾河的时候,山穷水尽,她也有本事把日子经营成泾河的样本。

我们相遇那年,正是澄城家经历挫折的开始。那时候她们的日子过得很素淡,澄父失业,澄母下岗,澄城年幼无知。

但多年了,澄母始终是孩子们心中的"漂亮女神":她会用布头拼美丽的长裙,会用小剪刀修剪漂亮的眉毛,会教孩子们背诗,会剪漂亮的窗花,会种满架的紫藤萝,会用树上白生生槐花烙喷香金黄的槐花饼,会在冬日里收拾干净的菜叶腌制一缸美味,挨家挨户地分享。她还会在夜幕降临的时候,提一个精致的小篮,等在巷子边,将那些不值钱却十分精致的吃食交给澄城的父亲,让他给年迈的婆母送去。

可即便她如此用心地善待着困顿的生活,生活仍未曾温和地给予她应有的回报。澄父生意不顺,多年积累的资金一夕间打了水漂。澄城八岁那年，父亲外出送货，恰逢雪天，出了车祸，摔残了腿，碰伤了人，赔偿款项巨大，一家重担就这么落在澄城母亲身上，雪上加霜，惨不忍睹。每每讲起这些，邻里常常要替澄城的母亲抱不平，这样好的女人，这样温婉的性子，这样肯善待邻里、体贴老人，这样知书达理，怎么就一而再，再而三地遭受困顿呢？

但是，她说：有时候，生活真的让人失望，可我们不能让自己绝望啊。熬一熬，总会好的。

也的确，她们熬出来了。很多年以后，澄家家境渐好，澄母仍旧从容，他们始终相爱，渐渐衣食无忧。终于，彻底搬出了那条潮湿的巷子。

泾河边的老邻居搬走许多，只有那个捡垃圾的老婆婆仍旧还在。

时隔多年，我和澄城第一次靠近她。她很瘦，头发花白，满脸皱纹，看起来弱不禁风。然而她精神矍铄、态度安和、谈吐有序、思路清晰。澄城的母亲温柔地与她打招呼，说："阿婆，我带阿囡来看你，想去您家里坐坐。"

老婆婆笑得满脸皱纹。其实她哪里有家呢？她所谓的家，不过是半间破旧的房子。可当我踏下河岸的时候，却有些惊讶。远远的，我们看到一片指甲桃花，平凡得近乎俗气，灿烂得有如云霞。走近了,就看见那花的旁边立着一块参差的木牌,牌子上,用朱红的毛笔方方正正地写了四个大字:梦里家园。

这很好笑——一个垃圾遍布的地方,竟被称为"梦里家园"。

我跟澄城面面相觑。

老婆婆说:不管日子过成什么样,生活要有梦,有梦就有家。

可家是什么? 在龙应台的笔下,"父母在的地方,就是家",可这个家会因父母老去而失离。"和人做终身伴侣时,两个人在哪里,哪里就是家",可这个家会因为感情逝去而失散。"孩子在哪里,哪里就是家",可这个家,又陷入了最初的循环,一步步走向"失离"。

家,到底是什么? 至少不该是眼前垃圾遍布的"梦里家园"。

废旧的汽水瓶装在麻袋里,排成院墙,被人遗弃的服装店模特变成了"平安卫士",安静地守护着她的家园。各种废纸破书有序地堆积在院落的一角,依傍着指甲桃花园。大大小小的破木头堆积在一起,捡来的绢花错落有致地拼插成一处处"亭台小景"。那些垃圾——破恐龙、旧娃娃、烂雨伞、碎花瓶都被她收拾得干干净净,或随心所欲,或认真品插,她如同对待真正的花园,为她的"垃圾"布景。破旧的木门旁挂着她刚洗干净的围裙,被丢弃的贝壳风铃,仍旧能叮咚作响。

这其实很诡异。这是一个由垃圾制造的公园,这是一份在肮脏的夹缝里苦苦挣扎的美好。

她院子里到处是木牌，大多是赞美耶稣和神的。她说，信仰并不是迷信，而是让你相信有一个更美好的世界存在。这样，你活着就不必绝望。

相比于她院里粉饰的院子，她赖以栖身的屋子，实在过于狼狈了。没有床，只有破砖撑起几截木头。没有家具，只有一个破旧的搪瓷脸盆，放在角落里。没有电器，甚至没有干净的水和食物。太狼狈了。

室内混沌中的一切，压抑地诉说着绝望，却又整洁地写出她的态度。

"这有什么呢，捡垃圾也可以把人养活。"她说这话的时候不急不躁，"我一点也不绝望。"

我想给她留下钱，但是她说，其实并不需要。她安心归置她的垃圾，哪一些是可以卖钱的，哪一些用来布置花园。

临走的时候，她央我们写一块木板给她。

凡事包容，凡事相信，凡事盼望，凡事忍耐，爱是永不止息（《圣经·多林哥前书》）。

回程时，澄母的声音近乎哽咽。她说，有很多人来看她，他们觉得，能在婆婆身上学会面对困境，可其实不是。这很残忍，因为对于她的人生，我们无能为力……对一个人最大的悲悯，不是同情，是尊重和不揭穿。可我这次……之所以下定决心带你们来，是希望……你们能懂得……

"即便生活让你失望,也不要绝望。即便你以为自己已经陷入绝境,也别忘了挣扎。"澄城站在泾河边,远眺他处,面无表情。可这话说完,她号啕大哭。

失去事业,失去爱人,失去健康,失去孩子。可还有什么样的苦难抵得上那个捡垃圾的老婆婆一无所有的流浪?无依无靠,三餐不继,年复一年地与垃圾为伍!她的家人呢?子女呢?人生要有多少不幸的累积,才会令她沦落至此?

可她只字不提。她还有梦,还有她梦里的家园。

她根本不需要怜悯。因为,她正无比悲悯地面对这个世界,面对惨不忍睹的生活,一点、一点、慢慢地挣扎。

家是什么?龙应台不能回答的问题,在她这里,易如反掌。

家,是安放梦想的地方。

有梦就有家。

多难也不放下。

对于个人,生活真的不公平。你可能永远没有办法跟生活去权衡计较,付出永远不会等同于收获。挫折和磨砺是潜伏的野兽,它时刻隐藏在某个路口的边角,随时准备蚕食你的希望和勇气:你的眼泪是它的美酒,你的屈服是它的养分,你的绝望是它的力量。只要你低头,它就会将你的梦想,甚至人生一点点蚕食殆尽。

可是,眼前的困境真的这样糟糕,乃至于再无"柳暗花明"的可能? 可不可以,放下满心的委屈和不甘? 可不可以,闭上眼睛,再想想最初坚持的梦想? 可不可以,咬咬牙再多坚持一秒? 你甚至不必坚强,甚至不必抗争,甚至不必挣扎——只要再做出一点坚持,也许困难它会让步,也许你会渐渐找回勇气、积蓄力量。

对于生活,你可以失望,但永远不要绝望,就好像你可以哭泣,但不可以放弃。只要你还有勇气,一切就还有生机。

生活中真的没有绝望,不过是你放弃了自己。

老婆婆还在那里,建造她梦里的家园。

澄城也还在那里,陪母亲看那春花秋月。

没有什么值得畏惧的,当你足够勇敢

淡月

爱情不能权衡与等待,梦想不能犹豫与妥协。在路上,不要轻易找寻安慰与借口,往前走那么几步,就几步,就能抵达你想抵达的地方。

爱情的滋生不需要理由,真正的爱情让人奋不顾身。渴望爱情的获得,期待梦想的实现,屈从现实的安排,却常在现实纠结。其实,生活原本简单,想得复杂,欲望太多、太大。丢弃这一切,向着一个目标进发。没有什么值得畏惧的,只要你足够勇敢,就能获得你想要的。

卿可儿遇见童话有些戏剧。

那是他们刚进大学一个月后的傍晚。

卿可儿抱着三毛的《撒哈拉的故事》在学校的花园里看书。

可儿是一个内心分裂的人。她身处欢乐时,内心总会有一丝淡淡的忧伤。即使手握着希望,也总会担心松开手看见的就是失望。

在她身上,快乐与忧伤同在,天真与深沉同行。

看着树叶被风卷下树枝,有一种生命跌落的疼痛,她想去呵护。

突然，扫帚哗啦一下扫走了那些叶片。抬头想责怪扫地人的鲁莽，可她怎么也张不开口。男孩俊朗，穿着蓝色 T 恤，白色运动裤，站在夕阳里，举着扫帚，疑惑地迎对可儿幽怨的眼神。

哪来的清洁工，长得好看，气质又好，真可惜！不好好学习。若考上大学，凭这副长相怎么也混根"草"当当。

唉……

可儿留下一声叹息走了。

童话觉得这姑娘有些奇怪。

可儿初识童话是惋惜，童话初见可儿是惊奇。再见，他们都惊诧。

他们再次相逢在"夜色"酒吧。可儿是那里的客串歌手。

童话的朋友是酒吧的调酒师，他介绍童话到酒吧唱歌。

童话第一天上工就遇见可儿。他被可儿原创歌曲《粉红心情》《泡泡糖的故事》吓住了。歌曲节奏明快，歌词风趣、幽默，可儿的演唱风格俏皮，和他那天看见的奇怪女孩完全联系不上。

童话的《那一场冬雨冷吗》也让可儿对童话充满好奇。

她真弄不明白，他是清洁工，还是歌手，或者还有其他身份？

下工了，没想到童话与她同回到花城大学。

原来童话是她的师兄，他们就这样认识了。

后来，他们经常一起去图书馆，一起去郊游，一起去看电影，一起去大排档吃夜宵，一起研究音乐，一起去酒吧唱歌……

校园里的同学都说他们在恋爱。

他们俩还一起创作了一首歌叫《偶然》。

爱情的滋生是偶然的，开始也是让人喜不自胜而浑然不觉的。这样澄澈透明的相处，身心轻松而愉悦，一旦有了权衡便开始痛苦，而失去原有的美好。

他们之间的交往被家里知晓。双方家庭条件巨大的悬殊，遭到彼此父母的极力反对。

童话的母亲极力反对儿子与可儿交往。她早年守寡，带着童话，靠摆烟摊和卖蔬菜度日。童话高考成绩优异却选择了本地的大学，一切皆因贫寒的家庭。童话以保洁员、歌手、家教多重身份出现在很多地方，只是为了挣学费、生活费。他们生活得简单而快乐。

童话的母亲不想打破这样的平静。她觉得人贵在自知，不要去奢望那些和自己身份不相配的东西。即使勉强获得，也不会幸福，会让自己和自己的亲人痛苦，甚至变成灾难。她怕别人说他们攀高枝，怕儿子进入豪门受歧视冷落。自己是无法与那样的家庭相处的，她不想儿子为难，就只能独自生活。自己老无所依，孤苦伶仃。

可儿的母亲得知此事反应强烈，她不想女儿重复她的路。可儿的父亲家境贫寒，可儿妈妈家境非常优越。他们是大学同学，为了爱情不顾一切地走在了一起。

可儿的父母很相爱,但是他们时常为一些生活琐事争吵不休。她妈妈可以为了一束花、一本书、一张碟,喝一周的稀饭,而爸爸却为了衣食可以舍弃无关的花销。妈妈觉得物质固然重要,但精神也需要滋养,精神世界物化的人是没有温度的。不管世界怎么样,都要让自己拥有一颗爱美的心。爸爸嗤笑妈妈的理想主义,没有足够强大物质基础的人,不配谈精神世界的生活。

可儿的父亲终还是成功了,成了花城举足轻重的民营企业家。他把家装扮得富丽堂皇,过上高品质的生活。而妈妈却爱乡间的田园,与大自然亲密接触;深居简出,和花草小动物为伴,与音乐书籍为朋;饭食简单清淡,衣着朴素自然。

爸爸觉得他们永远都不在一个调上,妈妈却说把艰难的日子过成诗,把富贵的生活过得纯净如水,人才不会迷失,这样的生活才有境界。

爸爸看着妈妈无可奈何,妈妈面对爸爸无言以对。

妈妈对可儿说:"贫穷不可怕,可怕的是贫穷让人丧失美好的精神内涵。富贵没什么可欣喜的,它让人裹着一件华丽的袍子,不得与真实的自己亲近,迷失自己,膨胀欲望,最后活活累死在这华丽的袍子里。因此,贫穷和富贵很难调和,别去触碰太过两极的东西,人的承受能力是有限的。别让别人痛苦,也别让自己痛苦。"

可儿很害怕。她和童话相处时,感到了许多不和谐的地方。爱情可以不食人间烟火,婚姻却是烟火人间。在长长的岁月里,能调和彼此的不和谐吗? 她矛盾、纠结,可她爱童话。

相爱,就要一个结果:执子之手,与子偕老。

可她和童话能吗? 不管怎样,不去做怎能知道。

童话心里爱着可儿,但现在的自己,不能给可儿什么。但是他相信通过努力自己是能配得上可儿的。

他们觉得经验只适用于固有的规律,然而事物的发展往往是打破常规的。

童话毕业了,那时木兰花开得正艳。在木兰花树下,他们做了一次决定未来命运的谈话。

"童话,你要走了,有什么话对我说吗?"可儿期待着。

"有。我想爱情只需要灵魂的对等,而不是物质的门当户对。但是生活却需要一切的对等。我愿意为你,为我自己,去拼一把。你愿意等我吗?"

"我等。我想只要努力能改变他们。"

"这几年,我们各自奋斗,五年后的今天我来向你求婚。"

童话走了。为了约定坚定地走了。

童话四处借钱办起了一家小超市,生意非常不错。看着每天的进账,他似乎看见五年后可儿与他相拥在盛开的木兰花树下。

一年后,他贷款再扩大了规模。看着生意红火的超市,童话更有信心了。然而童话的喜悦却是别人的悲伤。被他挤垮的一个小超市的老板怀恨在心,在一个雷电交加的夜晚,一把火烧掉了童话的超市。

站在废墟上,童话陷入绝望的谷底。一切都没有了,有的只是巨额的债务。他卖掉了所有能卖的来偿还债务。

童话的母亲经受不起打击疯了。

家也没有了,母亲疯了,爱情无望了,童话濒临崩溃。夜夜买醉,人事不省,有时和乞丐露宿街头。

可儿曾找过他,他躲开了。他不愿可儿看见他失败的样子。

一个月后,他把母亲托付给舅舅离开了花城,他想要重新站起来。

童话到了广州,想应聘商场的高管,先立足,再找寻机会。没想到遭遇扒窃,能够证明身份的一切证件,以及现金被一扫而空。他不愿回花城再痛一次,于是混在农民工里流落到福建。

初到福建他想凭着学识与力气总不至于饿着肚子,可是没有身份证没人敢用他。他过着饥一顿、饱一顿的日子。有时找不到工作,几乎沦落到和乞丐一起乞讨。

后来,遇见一个好心的老乡工头把他招到工厂里。

工厂在海边,刺鼻的海腥味让他整天头昏脑涨。潮湿的热,机器轰鸣,流水线上忙碌,口罩,防尘帽,防尘服,站在镜子前他都认不出自己。

狭小的出租屋,潮湿闷热,还非常孤独。有时候还会停水,没有水喝,没法洗澡。还要提防台风的侵袭。好几次半夜被好心的房东叫起来收衣服,说是台风就要来了。

那些日子,童话几乎崩溃,想要放弃努力。还好室友有一把吉他,他常常弹着他和可儿创作的《偶然》聊以自慰。

工头的独身女儿看上了他。工头告诉他,只要娶他女儿,就给他们一笔钱去做小生意。童话有些动摇了。他看不到希望,有些忍受不了现在的生活处境,觉得五年的约定恐怕只是一个神话。他现在只想改变,不想其他了。

人在生存边缘挣扎,觉得爱情就是奢侈品。

那晚他做了一个梦,梦见了盛开的木兰花树下,可儿笑盈盈地看着他。

他离开了工厂。

可儿大学毕业后,在父亲的公司工作。父亲为她安排了好多次相亲,她都拒绝了。

她经常去他们一起去过的地方。电影院,大排档,图书馆……

整整两年了,没有童话的消息。

她开始动摇了,那一把火是不是烧掉了童话的信心和自信?她不再极力抗拒为她安排的相亲。开始和一个清秀而儒雅的男孩交往,当她和男孩走过花城大学校门,看着木兰花开得绚烂,可儿还是决定和男孩分手。

　　童话离开工厂时，只带走了三千块现金，留下了一万块钱的卡，还有工头女儿赠送他的礼物。

　　走在街上，茫然四顾，童话不知道该做什么，能做什么。只是，抑制不住地想逃离。

　　远处，传来了刘欢的《重头再来》："看成败，世界豪迈，只不过是重头再来……"

　　童话在那一瞬间决定了自己今后的路。

　　他大吃了一顿，然后用兜里所剩的钱买了一把吉他，从此成了一个流浪歌手。他四处卖唱，最喜欢唱的歌曲就是那首《偶然》。

　　一个偶然的机会，在一家餐厅唱《偶然》打动了一个音乐制作人。

　　音乐制作人看上了他，决意包装打造他。

　　童话创作了很多新歌，《离》《一个人的万水千山》《远方》很受欢迎。

　　后来童话成了音乐制作人的合伙人。

　　五年后，木兰花盛开了。

　　一大早可儿就坐在大学门口。她在等，等五年约定的结果。

　　从早晨等到了正午，没有等到童话。她想离开，眼泪却要掉出来，怕行人看见，低下头看着脚下的影子。

　　突然，前面有一个巨大的黑影笼住了她。抬头，一个身穿蓝色 T 恤,白色运动裤的男人捧着一大束玫瑰花站在她的面前。路边停着一辆宾利。

"可儿,我回来了!"

可儿看着童话笑了。"知道你会回来!"

生活就是这样,无法预料也无法把握。爱情不能权衡与等待,梦想不能犹豫与妥协。在路上,不要轻易找寻安慰与借口,往前走那么几步,就几步,就能抵达你想抵达的地方。

第三章

爱也好,梦也好,把握当下才是最重要的

我们还这样年轻,大可不必委曲求全、墨守成规地过着眼前的日子。当机会来临时,一定要勇敢地迈步前行。你要相信,灿烂的阳光,已经在不远的前方翘首以盼!

你所追寻的就是你要抵达的远方

朱海兰

我们的人生之路何尝不是这样,你给自己的人生定位不同,你所遇到的团队和品位就不同。拥有理想、目标和信念,比拥有才能重要。我深信,每一双奔走的脚都是有目标、有去处的。你所追寻的,就是你要抵达的远方。

可可和驼温一起毕业的时候,两个人的内心充满了对美好未来的憧憬与向往。两个人来到同一座城市,租同一间小屋住到一起的第一天,驼温把可可温柔地抱进怀里:"可可,我一定要许你一个美好的未来,别人的同学一毕业就意味着结束,谢谢你不嫌弃我穷,来到我们共同喜欢的城市打拼。"

爱情是浪漫的,可生活却是现实的。两个人还没有从蜜月里走出来,就要因为生计开始忙碌。两个人在书报亭看到有招聘的广告就抄,在电脑里看到有招聘广告的邮箱就投简历,不是走在去应聘的路上,就是从应聘现场走在回他们小窝的路上。

功夫不负有心人,可可凭着自己姣好的容颜、得体大方的举止,在一家星级酒店成了一名服务生。驼温更是学有所长,在一家建筑公司成了一名设计师。小屋虽然小,足够他们遮挡风雨,日子虽然苦,但有爱就有甜蜜。

可随着工作越来越忙碌,驼温发现书本上学的与实际操作却是差距这么大。在一次因为自己的一个小错误被主管大凶一顿后,被调到售楼处成为一名售楼员。驼温看到售楼处的天下,是美女的天下,哪有他一个刚刚大学毕业毛头小子说话的空地。工作事事不顺心了起来,原来,实际生活,距离自己的想象差距竟然这么大,学校与社会之间这堵墙这么难以突破。最后,无奈的驼温只好辞职回家,重新找适合自己的工作。

可可的工作比起驼温的工作却是顺利得多,她凭着自己温暖的微笑、良好的服务态度,得到了顾客的许多好评。随着顾客对她的好评越来越多,可可从房间服务员成为前台礼仪小姐,每天穿着漂亮的旗袍,带着甜美的笑容,迎接着一批又一批贵宾的到来。

转眼半年时间过去,可可从前台礼仪小姐做到了餐厅经理。可可升职这样快,让驼温从心里吃惊。再看看自己,几个月来,虽然在努力找工作,可就是没有理想的和适合自己的工作。渐渐地,驼温发现可可上班时间越来越长,每当望着镜子里妆容精致的可可时,驼温心里总是有说不出的滋味。驼温心里突然就有了不好的想法,可可长得这么漂亮,会不会被外面的世界迷惑,会不会被有钱人看上? 可可会不会对自己变心?

　　越是怕什么,越是来什么。这日,小雨淅沥,驼温便带了雨伞到可可酒店门前等待下班的可可。繁华的彩色街灯,把雨水都照成了彩色,已是晚上 22 点时分,驼温站在可可酒店门卫处的屋檐下眼巴巴地望着可可下班。

　　接着驼温就看到了自己设想了无数次,却又不想看到的一幕。

　　可可与一位帅气的男子共撑一把伞从酒店那个豪华的旋转琉璃门里走了出来,他们不是走向大门,而是直接走向酒店车库。驼温想追赶上去,但最终却停住了自己的脚步,望着那辆豪车把可可载出了酒店的大门。

　　当酩酊大醉的驼温带着一身雨水回到家的时候,可可一下子从床上弹了起来,连声问驼温去哪里了,为什么打电话不接。而驼温却是阴阳怪气,话里有话地回可可道:"你还用我接,有那么多高富帅排队在接你。"

　　可可丢下一句"不可理喻",便自顾自己去睡。当第二天的阳光照射进他们共同的小屋时,睁眼醒来的可可,发现驼温竟然在床头坐了一夜。可可想向前抱一下驼温,驼温却把可可推到了一边。

　　聪明的可可立刻明白了驼温的意思。她起身倒了一杯热茶放进驼温的手里,然后抱膝和驼温坐到了一起:"驼温,我给你讲个故事吧。"

　　驼温不作答。

可可自顾自讲道:"有两块金子,它们一起被运到了都市。一块金子积极向上,努力展示着自己的光芒,希望能得到别人的认可与赏识。果然,功夫不负有心人,那块积极、努力向上的金子很快就让自己的才能充分发挥并利用。而另一块金子却是恃才自傲不肯放低自己的姿态,它总在想,自己是块金子,就是在沙子的深处,自己依然是光彩无比。可你要知道,即便你在沙子深处光芒万丈,谁又能看得到? 驼温,你还记得你给我的许诺吗,说要给我一个美好的未来。我想问你,这个美好的未来指代的是什么? "

已经听得入迷的驼温情不自禁地回答道:"当然是指我们和睦、富足而又幸福的生活了。"

可可:"对,所以,我一直在向这个目标努力着,现在我们正从低处往高处爬,如果这期间有一个人爬着爬着不想走了,而另一个人还在努力向上攀爬,就怕走着走着,有一天真的要错失彼此了。驼温,我现在走得还不算太远,还能牵住你的手,希望你不要让我失望。"

说完,可可把自己的手,覆盖到了驼温的手上。一股暖流瞬间就流淌进了驼温的全身,他把另一只手深情地盖在了可可的手上:"可可,我明白了,是自己太浮躁,我就是那块自负的金子。现在我明白了,拥有理想、目标和信念比拥有才能重要。从今天开始,我要从最低处开始,绝不再对生活充满猜疑与抱怨,努力攀爬,与你一路并肩。"

亲爱的,和我一起乘上那趟叫作驶向未来的列车吧

红素清

但亲爱的,渺茫不代表没有,很难不代表做不到。你要知道责任和未来从来都不是一对矛盾体,我相信即便是在百忙的生活中,你也定能抽出一点时间去给未来的梦想做准备。

可能这个准备期会长一些,不过没关系,那趟叫作未来的列车会一直等着你,那些乘车的人也会随时对你说:"亲爱的,请和我一起乘上那趟叫作驶向未来的列车吧!"

1

时光一晃,青春不再,您是否还记得那时的梦想?

青春一晃,人生过半,您是否已到达未来的彼岸?

亲爱的,此时我的手中正握着那趟驶向未来的车票,不知您是否愿意与我同行?

这是去年乔木和阿久为了筹备同学聚会而写在邀请函上的一段话。

那次聚会是在汕头的一个偏僻小镇,从地理位置上来看,是历年最不方便的,不过从参与的人数来看,却是有史以来所有聚

会里最多的。

那天,乔木和阿久格外激动,他们说怎么也不会想到有这么多人来参加。

"怎么会不来,乔木和阿久的邀请,哪怕在地狱,也要去赴约的!"虽然当时说这句话的同学带着十足的玩笑味儿,但我却极其赞同他的话。

我觉得在生活节奏如此快的今天,大家能够放开手头的一切,不远千里来到这个小镇,一定是因为乔木和阿久。

2

谈起我对乔木和阿久的仰慕,那要追溯到大学时代。

记得第一次作业,老师就把阿久和乔木的画作在全班同学面前展示,他说交上去那么多作品,唯独这两幅画让他看到了生命之灵动。

之后的课上,像这样的赞美和表扬,我们听了无数次,不过被赞美的对象一直没有变过。

毕业时,老师对我们说,对于艺术家来说,成功需要五十分的天赋和五十分的努力,如果将来我们这个班里有同学选择从事绘画艺术,他希望可以在里面看到乔木和阿久的影子。

老师不知道乔木曾经拉着阿久的手说要带她乘上一趟叫作未来的列车,列车的终点有他,有她,还有他们共同创作的画。我们都在下面偷偷地嘲笑老师瞎操心。

其实事实证明老师没有瞎操心。毕业不到两个月,乔木和阿久就分手了,他们各自回到老家,找了一份稳定的工作。

我当时虽然满心疑惑,可是奈何联系不到他们,真正得知缘由已经是半年之后了。

3

半年后,我在上海的画展上看到了阿久,她还是以前那个样子,嘴角带着浅浅的笑容,看画的时候眼睛里散发着耀眼的光芒,那光芒我很熟悉,是爱的标志。

我问阿久,既然那么舍不得,为什么当初要选择放弃。

阿久说她高估了自己的能力,她当初没有想到放弃最爱的东西是那样的不易。

阿久和乔木都是独生子女,一个靠北一个靠南,两家人不仅反对他们在一起,还反对他们以画画谋生。他们当时费了好大的劲才和父母达成协议:如果绘画比赛得奖,父母就无条件妥协,反之他们回家接受父母的安排。

对阿久和乔木来说,这是一场关系幸福和梦想的比赛,所以他们拼命准备,为防万一,他们费尽心思去打听评委们的喜好和画风,可最终只落了个没有特点的评价,连海选都没过。

当局者迷,阿久说当时的她和乔木失落到了极点,不明白为什么这么拼尽全力地比赛最后还是会输。他们很累,没有力气挣扎,所以便跟着父母回家,听从了他们的安排。

4

回家后的阿久丢掉了所有和画画有关的东西,尽力用心工作。可是即便她再努力,仍然会在工作的时候出神,看到线条会想到素描,看到色彩会想到油画……

不过最难熬的还是晚上,每当她一个人躺在床上,脑子里总是会浮现她拿着画笔的画面。起初她以为只是不习惯,可是后来,那些情况不但没有好转反而加剧。那个时候她才突然醒悟,她现在的生活就像是当初的那场绘画比赛,早已失去自我,所以注定会一塌糊涂。

她经常忘记给领导交文件,偶然会把很重要的数字勾勒成一幅画。犯错多了,领导难免有意见,家人三番五次求情,领导让她休假调整状态。

她在大街上漫无目的地逛着,就看到了上海举办画展的信息,当时什么也没想,就买票到了上海。

阿久讲得太投入,我听得太认真,以至于没有发现身后的乔木。我们转头时,他甜甜一笑,将手机递给了阿久,他说:"我买了两张从这里往西的车票,你愿意和我一起吗?"

"向西?是拉萨吗?"我好奇地问。

"不是拉萨,是未来!"乔木看着我,眼睛里闪烁着和阿久一样耀眼的光芒。

阿久跟着乔木离开了,他们说他们要去乘上一趟叫作未来的列车,列车的终点有他,有她,还有他们共同创作的画。

5

同学聚会不久,阿久打来电话,问我有没有注意邀请函上的那段话,她说他们筹备同学聚会实际上是为了即将要举办的画展做准备。

画展的主题为"唤醒",她想通过画展去唤醒那些已经沉睡的追梦人,而邀请函上的那些话就是她画展的全部内容。

我想起聚会那天,我们谈天说地,分析现状,思考未来,可谁都不曾提起那段话。

我责怪阿久,觉得她应该提前说清楚意图的。

阿久却说这样才真实,大家看了一遍就忘记的主题画展是失败的,她没有本事举办让人一辈子难以忘怀的画展,但是她可以通过努力让它多在观者的心里留一段时间。

一年后我再次接到阿久的电话,她邀请我去参观她的画展。

6

和在学校时的灵动相比,阿久和乔木现在的画里多了一份沧桑和阅历。那些画没有很明丽奇特,但是给人的感觉很亲切,让人觉得每一个画面都似曾相识。

我很喜欢他们这次画展的意蕴和风格,可唯一让我不解的是他们的每幅画里都有相同的地方,这是画展的大忌。

阿久好似看出我的疑惑,笑着过来给我解释:"在这个世界上没有一个人是独立存在的个体，他们和很多事物都有着千丝万缕的联系，我觉得画也一样，它们和人是相通的，所以这次的主题除了唤醒还有无奈。"

是啊，其实，在这个世界上，我们每个人都不是一个独立存在的个体。从出生到死亡，我们需要演绎很多的角色，而每个角色的背后都有一份不可推卸的责任。它就像如来佛的五指山，虽然不会致命，但却足以挡住我们前进的步伐。

因此，对很多背负责任的人来说，未来成了一个渺茫的词，追梦成了一件很难的事。

但亲爱的，渺茫不代表没有，很难不代表做不到。你要知道责任和未来从来都不是一对矛盾体，我相信即便是在百忙的生活中，你也定能抽出一点时间去给未来的梦想做准备。

可能这个准备期会长一些，不过没关系，那趟叫作未来的列车会一直等着你，那些乘车的人也会随时对你说："亲爱的，请和我一起乘上那趟叫作驶向未来的列车吧！"

你不迈出那一步,怎知前面的精彩

琉璃月

我们还这样年轻,大可不必委曲求全、墨守成规地过着眼前的日子。当机会来临时,一定要勇敢地迈步前行。你要相信,灿烂的阳光,已在不远的前方!

几年前有一位女子在辞呈中这样写道:"世界那么大,我想去看看。"

这句话红极一时,在当时的网络圈中引起轩然大波。

有的人说:她一定是疯了,好好的铁饭碗不要,非要去寻什么刺激;有的人说:一定是富家子弟啦,要不然哪有这么任性的;也有人说:这位女子真勇敢,她前方的路,一定会更加阳光灿烂……

虽然我们都不知道,这位勇敢的女子最终是否寻到了想要的生活,但是我相信,只要敢迈出这一步,前方定然是一片崭新的蓝天!

我有两个朋友,一个叫燕子,一个叫薇薇。她们原本有着相似的不幸,却因为心境的不同,而过着截然相反的生活。

(1)

燕子的父母在一次交通事故中意外双双身亡,只留下了一个年仅 8 岁的妹妹。肇事司机跑得无影无踪,她根本就没拿到半毛钱的抚恤金,就连父母的安葬费都是亲戚和善良的村民们一点一点凑上的。

那时的她初中都还未毕业,但为了妹妹,她不得不辍学进入了一家服装厂工作。

那是当地的一家小型服装厂,规模不算大。工资嘛,自然也就不高了。但对于当时的她来说,那却几乎是自己和妹妹的唯一的生活来源。

因为父母的突然离世,妹妹情绪低落,越来越内向。她便只有在每天 10 多个小时的工作后徒步两个多小时回家,只为了能多陪伴妹妹。

好在她的努力没有白费,妹妹的心情渐渐好了起来,学习成绩也开始稳定,她便又一心投入工作之中。她对工作十分仔细认真,就连衣角多出来的小线头,她都会仔仔细细地清剪干净。

她对工作的态度令管理员们很是满意,经常让她协助做一些其他事情。比如,大会时投影的播放,比如,做一些数量核对之类的初级管理工作。对于这些,她很是积极,也勤奋好学。

两年后,原车间副主任因家事辞职,年仅 18 的她接替了这个位置。

由于她平时工作认真,乐于助人,又勤奋积极,所以,手下的工人大多都是服气的,工作上也从不拖她的后腿。只有几个人觉得她太年轻,总不听她的话,后在众管理员的力挺下,她渐渐收服了这几个刺儿头。

她对生活积极乐观,一有机会,她总是勇敢地尝试。这样的态度,让她的生活越来越充满挑战和乐趣。

反观薇薇就不同了。她怯懦敏感,整日畏畏缩缩地躲在"龟壳"里。即便厌烦透了眼前的生活,她也没有勇气,甚至都没有想过要去改变。当机会来临时,她总是打退堂鼓。日子过得,自然是越来越糟糕。

说起来,薇薇虽然不幸,但比起燕子来说却也算好得多了。自她弟弟出生,母亲就抛下他们跟别的男人跑了。父亲是又当爹又当妈,含辛茹苦地将两个孩子拉扯大。

可是,不幸发生了。在她中专二年级的时候,父亲在木材加工厂工作时,因为意外盆骨被砸伤,半身瘫痪了。出事工厂给了他们一笔费用,虽然不多,但除了父亲手术及医疗开支外,倒也还勉强剩下一些。

她的弟弟很是懂事,父亲出事时,他才拿到高中的录取通知书,但是他毅然放弃。在家经营田地,照顾瘫痪的父亲。

家里出了这么大的事情,薇薇自然也没有多余的钱继续上学了。好在当初她入学的时候,父亲已经将她中专的学费全部交清了,她只勉强混到了中专毕业。

毕业后,学校安排她进入了一家电子零件的生产公司。对于她这类刚毕业又没有什么技术的新人来说,自然是只有在一线工作。

每天在流水线上忙忙碌碌,枯燥而无味。时间长了后,她开始厌烦起这样的生活来。不过,她也仅仅是不满。当看到别的同伴受到重用,她也会忌妒、抱怨。但却从未想过别人为何比她好,更从未想过要尝试着改变。

就在这样的浑浑噩噩中又度过了两年。公司因为扩建而缺乏基层干部,所以他们开始以自愿报名的方式进入公司指定学校进行相关培训。

公司很是重视年轻人,觉得他们蓬勃有朝气,想从中多选几个去学习。而条件也相当丰厚,除了基本的食宿外,每人每月另行补贴 800 元。对于 2010 年前来的人的薪资水平来说,800 元的补贴算是不少了。

和薇薇一起进入公司的十几名年轻工人都是很积极地报名,甚至还有几位年纪较大的老员工也参与了进去。可是她却犹犹豫豫。

她心里想着,他们好几个都是大专学历的,就算去培训了,管理员一职也肯定没有她的份。

她现在的工资是 1500 元,而去了只是 800 元,她又选不上,还是不要冒险为好。

她觉得自己的头脑没有她们灵活,公司怎么会放弃几个样貌姣好又聪明的员工,而选她这只丑小鸭呢?还是别妄想了!

那几个老员工经验丰富,自己怎么比得上!

……

领导们也努力地劝说过几次,都给她打气。可是见她依旧一副烂泥扶不上墙的样子,也就懒得再费心机了。

三个月后,十几名年轻工人和几名老员工都学成归来。公司都给他们安排了合适的位置,甚至有一位年轻新人和一位老员工因为成绩突出,在比赛中显示了才干,公司将他们二人调到了分公司担任副厂长。而那位小学没毕业,在外搬了几年砖回来显得有些傻气的年轻人,公司也给他安排了车间管理员的位置。

而她,因为自己心灵的懦弱而错过了这么好的机会,以后也就只有继续做她的基本操作工的工作。

(2)

在后来的六年里,燕子依旧乐观好学,不仅学会了电脑,还参加公司培训,学到很多管理方面的知识。不仅如此,她还自学完成了与服装业相关的中专、大专及本科所有学业,并取得了相关的毕业证书。而且,她正努力学习英语呢,如果在下次学位英语的考试中她能顺利过关的话,那么,她就能拿到双学位了。

她听朋友说,现在有很多的猎头公司,专门在为某些企业物色人才。听说，被猎头公司看中的，那么薪水至少是现在的两倍。

　　她觉得听起来很不错的样子，就在招聘网上注册了账号，把自己目前的情况和经历一五一十地写了上去。

　　没想到，很快就有猎头公司的专员与她联系。说是有一个工作很适合她，在提供职位和薪资后，问她有没有兴趣。

　　因为她乐观开朗的性格，新同事们都很是喜欢她。她工作认真负责，两年内年年升迁，当上了设计部经理，并且与以前所在的那家小服装厂签订了一份互惠互利的合约。

　　在此期间，她收获了美满的爱情，即将走入婚姻的殿堂。她的妹妹也在此时顺利地考入了心仪的大学。她的生活，因为她的坚强勇敢而越来越好。

　　可是，薇薇的处境却陷入了低谷。她依旧在那间电子厂做着一名小小的工人，与从前毫无改变，甚至因为她对工作不满而产生的惰性，工资也渐渐少了起来。每每看到那些和她一起入厂的管理员们，心里就很不舒服。看到别的员工拿到的工资比她高时，心中更是不满。

　　在此期间，工厂也有好多次升迁学习的机会，却都被她负面的情绪错失了。眼见着一个一个的新人成为管理员，却依旧没有她的份。

　　她也谈了恋爱，男方是一个同龄的操作工。平凡其实也没有什么不好，那男子虽然没有多大的能力，但刚开始的时候对薇薇也是百依百顺。

后来,他们结婚了。生计、家庭关系以及孩子,使她与丈夫产生了很多分歧。又因为她的怯懦与唠叨,丈夫开始不爱回家。

再后来,丈夫开始在外面花天酒地,并且染上了赌博恶习。醉酒或是输钱回家后,就时常打骂她出气。

她心里委屈难受,可又想着:嫁鸡随鸡,嫁狗随狗,不这么过下去还能怎么着?

直到有一次,丈夫醉酒回来又打她。肚子里四个多月的二胎宝宝没有保住,他们的婚姻也彻底破裂。

离婚时,丈夫要走了9岁的女儿,给了她两万块钱后,将她赶出了家门。

从此以后,她的生活更是浑浑噩噩。经常衣衫不整,披头散发,像极了疯子。逢人就絮叨自己多么多么不幸,多么多么悲惨……

然而,渐渐的,那些原本同情她的人,也开始不再理会她了。

这让我想起佛教禅宗的一个故事。

说是有一个弟子到禅师面前,寻求解脱之道。

禅师问他:"是谁绑了你?"

那名弟子十分困惑地在自己身上查看良久,困惑地回道:"没有人绑我啊。"

禅师这才笑道:"既然没有人绑你,为何要求解脱呢?"

其实,真正捆绑你的并不是学历、样貌、经济等这些外在条件,而是你那颗自我限制、自我否定的脆弱心灵!

不要小看了心灵的力量, 它的坚毅或是怯懦往往都会成为影响结局的关键因素。尤其是那些长期形成习惯的限制性和负面思想,都会成为阻碍我们走向成功的巨大绊脚石。

所以,我们要尽可能克服心灵的障碍,勇敢前行。你不迈出那一步,怎知前面的精彩!

我们还这样年轻,大可不必委曲求全、墨守成规地过着眼前的日子。当机会来临时,一定要勇敢地迈步前行。你要相信,灿烂的阳光,已经在不远的前方!

追梦的路上,不是只有一腔热血就够的

安如墨

梦想是一个人奋斗的动力,我相信每个人都有自己的梦想,也有过一腔热血,但并不是每个人都为了梦想付出过行动。决定你在一条路上可以走多远的,不是被你传得神乎其神的天赋,也不是被你传得人人尽知的热血,而是你坚持加努力的实际行动。

梦想是人类对于美好事物的一种憧憬和渴望,有时梦想是不切实际的。但毫无疑问,梦想是人类最无邪、最美丽、最可爱的愿望。

每个人,不管你想拥有什么,只有去实践才是你最应该做的事,不要相信天上会掉馅饼,有梦的人,都会有成功的一天,就看你够不够努力。也许你要的未来还在天边,也许你有梦,却一直跌倒,困难重重。也许你已经尝试过,但却毫无进展。然而你要懂得,梦想始终会开花,就看你有没有用努力来浇灌。

有许多人许多事都会教会我们该如何去打拼自己的梦想,教会我们如何收获一份成功。

我有个朋友叫杨丹,人长得好,脾气也很好,可就是工作不如意,一年连换了五份工作,问她为什么,她的答案都一样:屈才!

杨丹去年三月辞职,天天闲在家里嗑瓜子、打牌,朋友约她出去喝茶,她也懒得出去。

后来,她在群里同我们说,在家里没发展,她要去旅游一番,看看这大千的世界,顺便开发她的潜质,实现她的梦想。

在杭州的一个咖啡厅里,杨丹认识了她这一生的贵人——老朱。

那天,杨丹无所事事,去一家咖啡厅里喝茶,正好遇见被人放了鸽子的老朱,两人便聊了起来。说来也怪,两人竟聊得起劲,在聊天中,杨丹得知老朱竟是一家公司的销售经理。说实话,杨丹是半信半疑的,只因他的穿着并不像一位经理该有的行头。

所谓一来两往,在杭州,老朱算是杨丹的第一个朋友,有事没事便去他公司找他。看见他公司的规模,杨丹终于相信,老朱所言不假。

杨丹问老朱:"你真有本事,这么年轻就有如此的事业,你可是我学习的榜样。"

老朱笑说:"你也是个不错的女孩,相信只要你自己愿意,总会飞翔浩瀚的天空。你要记住,没有什么是一步登天的,凡事一步一个脚印,才能走得更稳更远。"

是啊,这世上哪有什么光说不练的成功人士,我们总是羡慕别人的成功,却没有好好想想自己为何一事无成!

我们总是觉得自己是个有能力的人，一份小小的工作并不看在眼里，一心只想飞得比天还高；看到别人如此好，会抱怨社会的不公。其实不然，真正的原因是，有的人在为自己的梦想努力奋斗，而有的人却只是光有梦想，而从未实践，只图眼下一时安逸，混天度日。

每个人都有梦，梦想是人生的指示灯，失去了这盏灯，人就会失去生活的勇气，但是追梦的路上，只有坚持远大的人生理想，才不会在生活中迷失方向。

2015年9月，杨丹终于上任了她本年度中第六份工作。这一次总算修成正果，没有被辞退或炒老板鱿鱼，而是踏踏实实地勤奋工作。有时好友聚会，我们也会笑她："丹子，这次你怎么不炒老板鱿鱼啊？难不成是薪水很高？"

我们本以为杨丹会打趣我们，没想到她一本正经地说："不炒了，脚踏实地才是真，光有一番梦想，不去实践又有何用？还不是原地踏步？"

当时我们笑她，是不是被那个老朱感化了，春心动了？

杨丹挨个拍我们的头，吹胡子瞪眼："你们说什么呢，他是我的恩师，恩师啊，懂吗？"

说是恩师，还真不为过，每次杨丹没有动力做下去的时候，她都会在微信上找老朱，老朱都会和她聊上好一阵儿。事后，杨丹都会同我们分享，不得不说，我们很佩服老朱，他劝人很有一套。

杨丹累了的时候,老朱会说:"世上没有哪份工作是不累的,除非你不是人类。"

杨丹被老板骂了的时候,老朱会说"骂了你才会长记性"。

杨丹觉得工作没有挑战,不是她的理想目的时,老朱会说"既然是理想,那就说明那不是随手就能得来的,不去付出,光是纸上谈兵,又如何取得收获?"

在杨丹工作五个月后的一天,杨丹被公司提升为部门主管,那一刻,她很是激动,拉着我们去为她庆祝。在庆祝会结束后,杨丹给老朱发了一条微信:

"谢谢你,亲爱的老朱,是你让我与梦想一步步靠近,我一度以为我的能力不会有发展的一天,可当我遇见你,我才知道,我还是充满战斗力的。谢谢你!"

过去,杨丹总是认为自己空有一番梦想,却得不到发展,每换一份工作,只要自己不满意了,便撒手离开。现在她终于明白,人生是一场充满挑战的旅程,有阳光灿烂,也有风霜雨露,寄身于现世,就没有理由放弃前行。每个人在选择的道路上,吃过一些苦,受过一些伤,在追逐梦想的道路上,机会不会偏爱任何一个人,但只会给那些顽强拼搏的人。

做人就要有梦想,为了梦想,去锻炼自己的翅膀。如果你的梦想只放在嘴上说说,那么我告诉你,你的梦永远也实现不了,你可能只能做一个在原地踏步的人。

　　只要自己不放弃梦想,所有的磨难都是最好的经验。可能现实都有一定的差距,要实现自己的梦想,有的人会觉得太遥远了,但是你有想过吗,如果光有一番热血,那么你的梦想永远都只能是梦想。

　　梦想是一个人奋斗的动力,我相信每个人都有自己的梦想,也有过一腔热血,但并不是每个人都为了梦想付出过行动。决定你在一条路上可以走多远的,不是被你传得神乎其神的天赋,也不是被你传得人人尽知的热血,而是你坚持加努力的实际行动。

许多机会真的只有一次

那澜

很多时候,机会真的只有一次,没有人会无条件地为了你等在原处。太多时候, 我们抱怨命运不公, 却从来没去考量我们对待命运用了怎样的态度。破釜沉舟?还是边走边看?如果自己的人生,要靠别人拿着鞭子来抽,你还有什么资格说"梦想和追求"?

人生一世,变化莫测,很难有什么事儿一成不变、波澜不生。更何况爱情这样玄妙的东西,一朝风雨一朝露,今日情长,谁晓得是不是明日别恨。时至如今,我也不过独见了一个丛朔:一生只遇见一人,只爱一人,只恨一人,只记一人,从一而终。

丛朔遇见顾行之的时候二十四岁, 正好是青春年华里最美好的岁月。然后,她用了一年的时间靠近他,用了一年的时间恨他,用了一年的时间谢他,用了整整一辈子爱他。

"我跟你说啊,顾行之这人要放在过去,那就是将相之才,修身齐家治国平天下,无所不能。"丛朔跟我说这话的时候,两眼放光,就跟饿了三天的狗狗看见肉骨头一样。我当时心想,毁了,这孩子毁了。

那时候,丛朔大学刚毕业,窝在某街道办事处做办事文员,事业编制,却并非公务员。对于这事儿,丛父耿耿于怀。丛朔心态倒是极好,照样活得逍遥自在、散漫招摇,关于那些鸡头凤尾的说法,她根本不在乎,反正机会多的是,骑驴找马呗。

好巧不巧,顾行之就是她那匹"马"。

那年,顾行之三十二岁,单身,是市电视台专题二部的副部长。那会儿,网络发展迅猛,对电视台冲击颇为厉害,内部重组、整顿、竞聘,兵荒马乱。顾行之脑筋极好,在人人都削尖了脑袋想着是广电部好还是网络部好的时候,他另辟蹊径,申请依托电视台,做市内第一家光影、文化纸媒。

至于他怎样找上丛朔的,我不得而知。我只知道,丛朔对顾行之一见倾心,进而死心塌地唯命是从。

其实也是,谁的人生不寂寞?谁的人生不渴望一个志同道合的人?独自一个人行走或者跋涉,可以吗?可以。艰难吗?并不。但这根本不能阻止我们深切地渴望一个"志同道合"的人的出现。关于某个梦想,他说得出,你懂得了;关于某个路径,他看得到,你寻得着。做梦容易,踏实难,寻梦容易,探路难。但如若在这个艰难之中,有那么一个志同道合的人,也许,你真的会觉得人生大不同,乃至"虽败犹荣,死而无憾"。

古人云,人生得一知己足矣,大抵就是这个意思。

那段时间,丛朔跟上了发条一样,整个人容光焕发、光彩照人，我觉得她基本上已经将潜能发挥到百分之一万，那爆发的小宇宙，烧得她整个人都熠熠生辉。顾行之的杂志出样刊的时候，丛朔激动得跟抱着自个儿的娃儿一样，浑身上下洋溢着幸福与喜悦。丛朔说我俗，她说，你根本不懂，人生除了爱情，还有梦想和追求。我忍不住呵呵她一句"诗与远方嘛，懂"。

然则，有些事说起来容易，做起来难。顾行之的编辑部只有一个人，办公室空空荡荡，只有一张桌子，一张椅子。虽然丛朔说，那里满满的，全是我们的梦想。但事实上，顾行之举步维艰。

即便有百分之九十的精力用了帮顾行之上，丛朔仍旧散漫，仍旧嘻嘻哈哈、蹦蹦跳跳，人送外号"小天真"，人见人爱"鬼灵精"。对于这昵称外号，丛朔来者不拒，在顾行之庇护之下，越发如鱼得水，参与各种活动，出席各种应酬，接触各种人。即便她有无数次迟到，有无数次拖稿，有无数次冲着顾行之伸舌头做鬼脸撒娇，顾行之也不过拍拍她的脑袋一笑了之。

这之后丛朔的整个人生都不一样了。"打开了新世纪的大门"，丛朔说这话的时候，一脸憧憬。她不知道这扇门通往哪里，也不知道以后的道路是鲜花遍布还是荆棘丛生，可是她那么愿意走上去，满怀憧憬，雀跃欢欣。她学会了喝酒，第一杯酒就是为了顾行之灌下的。她喜欢看他千杯不醉，喜欢看他在酒场上运筹帷幄，游刃有余。每每酒至半酣，顾行之就拎着几瓶啤酒找丛朔聊天，两个人靠在酒柜旁边就着几句掏心窝子的话，喝得面红耳赤。顾行之不会醉,但他面色泛红,双眼晶亮。丛朔说,被那样一双眼睛看着,真觉得死而无憾。他眼里,全是梦想的模样。

有一次,丛朔喝嗨了,她团膝窝在我家的沙发上摇摇晃晃傻笑,她说:"怎么办,我好像爱上顾行之了。"

顾行之力邀丛朔跳槽,放弃街道办事处的工作,跟他去打江山。他谈了太多关于未来的美好,关于梦想的奇妙。

只是,很可惜,丛朔的无怨无悔、死而无憾,渐渐偃旗息鼓了。杂志发展势头良好,发行量稳步上升,编辑部设置完备,资金链运转周全,再也不需要顾行之亲力亲为,自然也不需要丛朔一人分饰多角地供稿填白。台长大手一挥,给了顾行之整个楼层发展事业。可那座办公楼,丛朔进不去了——内部职工刷卡方可进入。

顾行之的梦想之路从未停止。创收,创业,践梦,一路勇往直前。"顾行之这人,行事做派滴水不漏,又能冲、又能闯,我都不晓得我学多少年能学得到他一个皮毛。"丛朔跟我说这话的时候,话音里酸溜溜的,说不出是个什么味道。

顾行之敏锐瞄准了儿童市场。想要依托电视台,开展小主持人大赛,搞儿童艺术培训,组建小艺术团、小记者团,还要上自己的主题儿童节目。

"丛朔,你得帮我。"

从起始方案、招商策划、运行模式,丛朔又一次跟顾行之冲锋陷阵。顾行之说,丛朔,你来吧,我们合作!

丛朔动摇了。即便她曾视顾行之的杂志为己出，即便她曾跟着顾行之张口闭口"我们电视台"，即便她跟电视台的领导混得无比熟稔，但丛朔犹豫了。

顾行之的少儿主持人大赛彻底叫响了，到处都能看到"童声梦时代"海选的宣传。初赛、复赛，一轮轮选拔，推得顾行之的大名叫响了大街小巷。决赛之前，他又乘胜追击，注册了依托电视台的培训文化公司，大张旗鼓地扩展事业。但是，没人知道"童声梦时代"这五个字，是出自丛朔之口，丛朔甚至连培训公司的启动仪式都没参加。至于"去电视台"的事儿，顾行之没再提过。

那之后三个月，丛朔没见过顾行之。

虽然她爱他。

"飞鸟尽，良弓藏"，丛朔有很长一段时间这样想，满腔怨愤。佛曰："人生有七苦，生、老、病、死、怨憎会、爱别离、求不得。"顾行之就是丛朔的求不得。这个求不得，不仅仅意味着爱情，还意味着事业、前程、未来、梦想。

她忽然想起某个雨夜，顾行之喝醉了，却不肯打车回家。两人在湿漉漉的雨地里慢吞吞地走。顾行之说了很多，又似乎什么都没说。丛朔只记得，他描述了一个未来，那个未来，跟她有关。他说："丛朔，你看，天多大啊，路多宽！丛朔，你说，咱们这么走下去，哥还能指望谁？也就是你了，也就是你了。"

那时候，顾行之是丛朔的全部。

丛朔最后一次见顾行之,是在那年年底。小主持人大赛决赛,顾行之兴高采烈地跟众人介绍他的"新欢"顶梁柱。当那个叫阿希的实习主持人出现在丛朔眼前,丛朔告假离席。

从那之后,丛朔恨顾行之,恨得咬牙切齿。后来,阿希走了,顾行之供着她读研。后来,顾行之身边又多了个女孩儿,叫方梓梓,虽不是台里的人,却给顾行之撑着培训部大半个天。

丛朔恨得想死。一恨,就恨了三年。

这三年,她忽然卸下了所有荣光,是燃烧殆尽的炭,只剩下一片浅浅的灰。事业并无进展,爱情也没来光顾,她仍旧潇洒度日。只是偶尔夜深,也会想起那个带着她拼、带着她闯、带着她看见未来和梦想的男人。现在,这个男人站得很高,高得她无法企及。

丛朔二十八岁生日那天,恰逢顾行之"童声梦时代"少儿节目首期启动。丛朔喝多了,她一个人、自个儿喝多了。夜深人静的时候,她留言问顾行之:"哥,你爱过我吗? "

这问题其实很可笑。爱是什么?爱是光,爱是暖,爱是枝上鲜活,爱是"故烧高烛照红妆"。可爱过是什么?爱过是天之薄暮,是日之晚秋,是"雨疏风骤""绿肥红瘦"。顾行之未及回答,丛朔撤回了消息。

第二天一早,丛朔看见顾行之说了一句话,他说:"丛朔,许多机会真的只有一次。"

丛朔没说话,愣了许久,按下了删除键。

她仍旧关注他，看着那个只有中专学历的方梓梓无怨无悔地为他拼命，为他打江山。

后来，丛朔死了，死于一场车祸。

丛朔临死之前已经不恨顾行之了。那时候的她，仍旧单身，不激昂，不亢奋，虽偶尔也会懒散，到底工作上能独当一面。她说，她只是明白了，许多机会真的只有一次。

她曾经无数次站在顾行之的身边，离他不过一个伸手的距离，她记得她曾为他付出的一切，却忘记了有无数次，她活在顾行之的宽容、宠溺和催促里。杂志已经送去排版待印，丛朔的卷首语还没开始写；杂质发布会领导嘉宾全都来齐，作为第一个发言的重要代表，她却还堵在路上……她只记得她为他激动，却忘了这激动的后面，有多少观望；她只记得她为他拼命，却忘了她在拼命的时候，有多么懈怠。

"丛朔，我爱过你，或者说，我爱你。但是，丛朔，如果梦想只不过是你掌心的玩具，我怎么舍得将未来托付？也许你觉得我自私，是的，我很自私。但丛朔，人生一世，许多机会真的只有一次。丛朔有退路，顾行之破釜沉舟。"

这段话，存在丛朔手机里，加密笔记本，第一条。

很多时候，机会真的只有一次。没有人会无条件地为了你等在原处。太多时候，我们抱怨命运不公，却从来没去考量我们对待命运用了怎样的态度。破釜沉舟？还是边走边看？如果自己的人生,要靠别人拿着鞭子来抽,你还有什么资格说"梦想和追求"?

人生一世,说长不长,说短不短,关键不过也就那几步路。爱也好,梦也好,机会稍纵即逝,从不肯多等你一秒。可人生的美妙,不正在于此吗? 你永远不可能踏进当初那条河流了,永远不可能进入当初那个梦,永远不可能回到曾经那个起点,牵住那个人的手。刹那芳华,一旦错过,就再也没有机会重来了。说什么全力以赴,谈什么再接再厉,人生哪有那么幸运,能让你一面叫嚣着筑梦踏实,一面祈求着卷土重来。

人生不是游戏,我们不是传说中的九命猫。我们没办法从高高的楼上一跃而下,还能继续爬到另一栋高楼上,怡然自得地看着这个世界。

顾行之赢了。赢了人生、赢了事业。

但丛朔的葬礼上,他攥着一枚钻戒,哭得肝肠寸断。他说:"机会真的只有一次。"

丛朔再也不会回来了。

跟你说声,我很爱你

安雨

妈那一代的女人,对于家庭比我们更有信念,牺牲是她们的一种本能。妈在生活里无限地看轻自己,那样地逆来顺受,而唯一的反抗是,不惜一切代价要让女儿成为一个优秀的人。她不愿看到她的下一代,因为没有知识和梦想,困于家门口的菜市场,和她一样迫于生活的压力,为一份菜价和小贩斤斤计较。她相信外面有她不曾感受过的美好,她希望她的女儿,有能力去更广阔的世界看一看。她要独自面对拮据的生活和并不幸福的婚姻,她信命,信上天带给她的一切苦难与哀痛都是自有安排,她更信自己的女儿,信她可以走得更远,过得更好。

写了许许多多的文字,写过那无数深夜幽居在我钝痛心口的他,也写过嘴上无比损心,却比谁都善良的贱贱老弟,还写过温暖手掌轻抚过我年少孩童的年迈的祖母,还有很多很多跟我一样迷茫着整个青春的我们,却从没写过那个将我带到这个世上的人,妈妈。

有一年假期和妈窝在沙发里聊我小时候频频遭到"毒打"的经历:成绩考不到 90 分要被扇耳光;英语元辅音读错就要被打

嘴巴;有时候放学后贪玩耽误了写作业,耳朵被揪得又红又肿;和弟弟吵架永远是我被挨打。

往日凄惨的记忆涌向心头,我怪里怪气地嘲讽妈妈:"妈,听过那个笑话吗? 世界上笨鸟有三种:一种是笨鸟先飞的,一种是嫌累不飞的,还有一种自己不飞,就在窝里下个蛋,让下一代使劲飞的。"妈不语,我咄咄逼人地继续讲:"妈,还记得那年就因为我看电视剧顶撞了你几句,你拿着竹条毫不含糊地让我跪在地上抽我吗? "

妈沉默了许久,说:"丫头,妈记得。"

良久,妈又说道:"安安,妈不想你成为我这样的人。"

我哼一声,转过头,默不作声。

妈是什么样的人呢?

妈是六九年出生的那一代,生在地主家庭,没落的地主小姐身份,成长于"文化大革命"的末期,贫穷是整个社会共有的症候,不到十岁就跟着家族一起下地挣公分。小学没毕业便辍学,幼时丧母,姥爷脾气不好又极爱酗酒,对待我的那群姨妈舅舅非打即骂。妈在家是排行老四,下面还有一个弟弟。直到所有姨妈嫁人,舅舅娶妻,妈才经人介绍嫁给了我爸。没有人知道她常常在十几岁的时候一个人守着老宅子,晚上天黑得连哭都不敢出声。那时的姥爷经常去朋友家喝酒解闷夜不归宿,姨妈们早已嫁了人,舅舅又去做了木匠的学徒。

这,就是妈的童年。

妈嫁过来之后,更吃苦了。早上天不亮就起床将院子扫净,做饭洗衣服。冬天挑着担子,跟着奶奶去卖烟花爆竹,手冻得生疮,夏天去山上采草药热的中暑,秋天又跟着父亲打渔贩卖,为了几毛钱跟人讨价还价,闲时就在家扯布给我做各种样式的小衣服。总之,她永远在忙。

从我 5 岁开始,妈就对我进行棍棒教育,坚信"毒打出才子",因此我的童年结束得特别早,没看过太多的《猫和老鼠》和《聪明一休》。放学后,吃过晚饭,就规规矩矩地坐在小方桌前写妈买的一堆字帖。

那个时候,妈是多么苛刻,竹条就放在身旁,眼睛紧盯着我的答案,那嘴角一牵一扯、手掌抬起放下之间,都是我的恐惧。最恐惧的是,写不对就不能吃饭。我常常是边啜泣着,还边写着字。不过也正因为如此,上学时我一直都好强、拼命。不是因为争气,是因为害怕,害怕拿着月考的试卷回到家里,妈的脾气像鞭炮一般炸响,一手指着我,一手竹条打过来,爸在鬼哭狼嚎的气氛中无动于衷,什么都做不了。

可是妈并不满意,她觉得女孩子除了成绩好,还该懂音乐,会些乐器,言谈举止中要有点气质和娴静。

于是我开始被书籍装满,六岁的我背着重重的书包,独自走几十分钟的路程去学校,贪玩的时候跟着伙伴们去深山里摘杜鹃花,没有在妈规定的时间内回家便会挨骂。最终连玩的时间也没有了,就这样被妈逼着跟爸学钢琴。

你能想象到,六岁的我是多么幽怨地看着大人,却又不敢出声顶撞。

很不幸的是,我没有在其中的任何一件事上显示出过人的才能,我笨手笨脚地学不会那眼花缭乱的黑白键。在我有限的脑容量里,字母撕扯着五线谱,划出恐怖的狂躁声。

除此之外,妈也限制我的交友自由,她只许我和天天向上的好学生做朋友,又完全掐灭了我情窦初开的小火苗。在唯一跟男生合影的毕业相册里,那张被我藏在相册封面夹层的合影,被妈粗暴地搜出来,指着我不分青红皂白地痛骂,完全不顾我那17岁薄薄的脸皮和深深的自尊……我羞愤抑郁,当着妈的面将那张合影用打火机烧为灰烬。

我想很多时候,我都是恨妈的。恨她强迫我学不喜欢的东西,恨她践踏我的自尊,恨她粗暴的脾气,也恨她的竹条和扫把,恨她没收我全部的自由,给我一个苛刻的人生,却从未对自己有过任何的要求。

妈,对这个家贡献是最大的。出嫁前伺候着姥爷的衣食住行,嫁过来后又伺候着我和爸的衣食住行。可我,打心眼里发誓,不要成为妈这样的人。一米六的个子,体重永远没有一百斤,一头乌发随意地扎起,我完全想不明白,如此瘦弱娇小的女人到底哪来那么多严厉与苛刻。

　　妈整天混迹于菜市场的热闹里,操着尖厉的嗓门,不顾形象地和小贩激烈地讨价还价。多少次我跟在她的身后,刻意地保持相当的距离,闷闷不乐地想,为什么我的妈妈,不能像别的妈妈那样,说起话来轻声细语,穿着年轻修身的衣服,烫着漂亮好看的发型,脚踩着细细的高跟鞋夹着公文包去上班,走过时带有一股令人回味的淡淡香水味?所以,在整个青春期里,我一边害怕妈一边嫌弃妈,像是一株不甘被埋没的植物,很叛逆也很用力地向着妈的反面,拼命地生长,我才不要成为她那样的人。

　　后来,我果真没有成为妈那样的人。

　　我低调含蓄,凡事思考比行动在先,做事靠大脑,讲话靠理智。我十指不沾阳春水,从不下厨烹饪学会女子勤俭持家,不屑懂柴米油盐酱醋茶,嫌弃亲戚间的肮脏与惺惺作态。

　　我每天早上在书房度过,晚上看新闻写博客。有一群谈理想谈人生的朋友,也有一个人独处的好时光。我读得懂夏洛蒂·勃朗特的《简·爱》,看得懂小仲马的《茶花女》,读得懂曹雪芹的《红楼梦》。每年去游览一个城市,攀过太行山,游过西湖白堤,玩过森林探险,也徒步过大别山腹地。

　　自由任我膨胀到极点,我在电话里讲着自己旅游所见所闻,好似赌气一般展示给她看。可是,妈却不那么在意了,她仿佛一夜之间就老了,老到皱纹爬满眼角,老到头发斑白,老到再也没力气打我。

　　我最终在心底原谅了妈,不是因为时间的问题,而是一本厚厚的相册和一沓信纸。这本厚厚的相册是从我哇哇大哭的婴儿到上学时的生活照,妈不是抱着我就是抱着我弟,我竟找不出一张她自己的单身照。后来才知道,妈的照片就是从我出生开始才有的,我和弟弟才是她的生活啊。那一沓信纸里全是我给妈写的信,更多的是画的简笔画,有祝妈生日快乐的,也有表示节日快乐的。只是妈从来没有回我,但她却一直保留着,那些泛黄的纸页上,歪歪扭扭的字和拙劣的画技看得让我忍俊不禁,真不相信原来那是我的作品。可妈,一直留着。

　　妈那一代的女人,对于家庭比我们更有信念,牺牲是她们的一种本能。妈在生活里无限地看轻自己,那样地逆来顺受,而唯一的反抗是,不惜一切代价要让女儿成为一个优秀的人。她不愿看到她的下一代,因为没有知识和梦想,困于家门口的菜市场,和她一样迫于生活的压力,为一份菜价和小贩斤斤计较。她相信外面有她不曾感受过的美好,她希望她的女儿,有能力去更广阔的世界看一看。她要独自面对拮据的生活和并不幸福的婚姻,她信命,信上天带给她的一切苦难与哀痛都是自有安排,她更信自己的女儿,信女儿可以走得更远,过得更好。

　　这是让我多么难过的一个夜晚,摊开的日记,已经深夜两点,仿佛十几年前还是昨晚刚落幕,让我看到另一端日子里的艰难。晚风凉凉的,泪眼婆娑的我,欠了妈一个时代的温情。

我想,那个九岁的我闹着离家出走,宣称说再也不踏进这个家门的我,妈,那一晚一定如此时的我一样辗转反侧,一夜无眠吧。

写下这些文字的时候,妈早已熟睡了。她一定还想着明天早上做些什么饭菜,工作多少小时,能挣多少钱,弟弟成绩下降了没有,女儿复习得怎么样了。

这,就是我妈。一个从没想过自己的女人,我很爱她,就这样。

我用放手成全一段爱

幽蓝

现实总是残酷的,爱情并不是拥有,有时候是舍得。当爱情碰上亲情,对他最好的爱就是放手,因为人不是独自活在这个世上,还有更多的责任要承担。

爱情,是人与人之间强烈的依恋,一日不见如隔三秋,分分秒秒都想腻在一起,可是这世上有天长地久的爱情吗? 爱情是每一个人都会经历的一种让人沉迷又痛苦的感情, 走到最后就是一种成全。有时候成全了一种生活,成为一种相濡以沫,白头到老的亲情;有时候就是成全一段记忆,一段深入骨髓,却只能放手的爱情回忆。

1

"我要离开一段时间。"梦琪气喘吁吁地对身边的闺密曼玲说道。"为什么?"跟在她后面,正在努力爬山的曼玲奇怪地问道,"去哪里? ""我也不知道,只是想离开这里一段时间。"梦琪抬头望向天空,初夏的阳光透过成片的绿色树荫,洒下点点光芒,好像有丝晶莹的水光闪现在梦琪的眼角。

"是不是?"曼玲犹豫地问道。"嗯!"梦琪肯定地应了一声,低下头继续向山上爬去,有股温热滴在被朝露浸湿的青色石阶上。曼玲知道原因,因为梦琪的爱情,她一直参与,对于梦琪的生活,她知道得很多。她知道梦琪难过,却帮不上忙,有些痛只能自己承担,就像爱情。曼玲给梦琪的最好安慰就是陪伴,陪着她爬山,希望能在大自然中让她忘掉心中的悲痛,忘掉那段逝去的爱情。

"这一次,我会走很长时间。"梦琪看着前方不知名的地方,哽咽又坚决地说道。曼玲无语地看着痛苦中的梦琪,只能默默地陪着她,继续向大山的深处走去。

2

"曼玲,这就是春生",第一次见到梦琪的他是在一次朋友聚会上, 吧台上的歌手正在撕心裂肺地叫喊着狂野的歌曲,吸引着众人的眼球,大多数人都随着音乐节奏,疯狂地摇摆着年轻的身体。

曼玲看向梦琪身后的他,腼腆的微笑挂在他的脸上,感觉到曼玲看向他时,他回以一个温暖的微笑。嘈杂的酒吧里,这个干净的男孩只是安静地站在那里, 仿佛一个异类闯入一个不属于他的世界。他确实是一个异类,不属于这个内地城市,来自一个遥远的海滨城市,追随着爱情来到梦琪的城市,守护在她的身边。

3

梦琪的父母经常吵架,年幼的梦琪每天瞪着惊慌的大眼睛,躲在角落里,她连哭泣都不敢,生怕惊醒争吵中的父母。处于弱势的母亲就会把战火引到小小的她身上,转移父亲的视线。那个时候,梦琪恨不得父母离婚才好,这样最起码她可以安静地看会书。

后来,梦琪长大了,大学毕业走上工作岗位,同龄的人都交了男朋友,而她却不敢与男孩子接触。看着好友们成双入对的幸福样子,梦琪也希望有个可以依靠的臂膀。可是想到如战场般的家,如仇人般的父母,她总是在男孩子爱慕的眼光中仓皇而逃。

孤独的梦琪总是在深夜徘徊在网络上,游戏成了她工作之余的主要爱好,占据了她大部分业余时间。

4

曼玲发现甜蜜的笑容开始爬上梦琪的脸庞,跟她的聊天中也经常会出现一个名字:春生,一个远在千里之外海滨城市的男孩子。每当梦琪下班后回到家,春生总是会出现在网络的另一端,陪着她。梦琪很多不能和别人说的话,不愿意和别人说的话,都会跟他倾诉,而他总是默默地听着,适时地提出自己的意见。

两人的相识也是种缘分,梦琪每天下班后玩的游戏是一种团队游戏,来自全国各地的玩家,在网络的另一头打开电脑,聚集在同一个游戏里面。每个人操纵着一个游戏人物,在游戏里玩耍。虚拟的游戏人物,真实的感情,就这样,在游戏里,善良的梦琪有很多爱护她的朋友,在网络里,她也不害怕与人接触了。

梦琪和春生就这样相识、相恋,从一群人共同去打一个怪兽,发展成为两人单独在虚拟又梦幻的场景里玩耍。游戏的场景布置得就像一个古战场,里面都是由人控制的角色。平常就是打怪物获取升级,级别越高,人物就越强大。为了保护梦琪的角色,春生每天都在游戏里拼杀,强大自己。梦琪下班上网就可以看到他,两人在游戏里面的花前月下谈情说爱。

这样的时光,对于梦琪来说是既快乐又难过的。快乐是因为有春生的陪伴,难过是现实中的朋友都是呼朋唤友地相聚,而她只有在网络上才能看到他,爱情到一定程度就会想有实质性的接触,失落开始在他们之间蔓延,现实的不可能,让梦琪萌生退意。

梦琪暂别网络,走出家门和朋友一起泡吧、唱K,但她的心中还是挂念着网上的春生。有一次,曼玲陪着她,看着她的手机不停地闪烁,显示着有电话进来,但是她没有接,而这个电话却在不停地响着。梦琪的泪随着电话的铃声,默默地滑落。

直至这次聚会,梦琪带着春生出现,曼玲终于看到梦琪发自内心深处的笑。梦琪告诉曼玲,春生明白她不上网的原因,非常想念她,就辞了工作,不远千里来到梦琪的城市。当春生出现在梦琪面前时,梦琪感动得热泪盈眶。梦琪不理他,他觉得心好痛,痛得他都无法呼吸,所以他不远千里来到一个陌生的城市寻找梦琪,他已经深深地爱上了善良又温柔的她。

看着梦琪脸上的快乐,曼玲送上对他们爱情的祝福,虽然对这段感情,她并不认同。

春生在梦琪的城市找了份工作,两人在外面租了房子。梦琪的父母不停地责骂他们,在亲戚面前指责她不自重,找她的同学,让同学来说服她。因为他是外地人,又没有经济基础,梦琪没有听父母的话,被父母骂她不要脸。对于父母的责骂,梦琪已经习惯了,她不知道自己是不是真的做了很出格的事,但她知道,她爱春生,春生也爱她。

这段魔鬼般的日子,有春生的陪伴,梦琪感觉拥有了全世界,原来爱情是如此美妙,那两年,是她最快乐的日子。

5

春生曾带着梦琪到他家,春生是家里的独子,母亲没有正式工作,父亲在外面打工。从大山里面走出来的农村家庭,在这个海滨小城没有住房,租住在父亲单位的公寓里。

父母亲知道春生是为了梦琪去到那个遥远的城市,但善良的老人们没有指责梦琪,当然也没有太多的热情和笑脸,张罗了一桌充满地方特色的饭菜给梦琪吃。梦琪想帮手,都被春生的母亲婉言拒绝了。晚上,春生的母亲与梦琪同一个房间睡觉,而春生只有与父亲同住。春生跟家人抗拒过,可是得到的是无言的拒绝。春生无奈地向梦琪发来请求原谅的眼神,梦琪向他微笑,微微摇摇头，心灵相通的春生明白，梦琪告诉他，她不介意。

梦琪知道，春生的父母不同意他们在一起，他们希望春生能找个本地的姑娘，安稳地过日子。那么远的城市，在老人们的眼里，是不合适的。所以，他们不同意春生娶梦琪，他们告诉春生，他们年纪也大了，如果春生要和梦琪结婚，他们就回大山里，不再见他。

梦琪看着为难的春生，伤心的眼泪又开始在心中泛滥，这一切都是现实存在。梦琪虽然不喜欢自己的家，自己的父母，但是她的工作在那里，她的朋友，她的家人都在那里，嫁这么远，她不愿意。但如果让春生去她的家乡，对春生的父母也不公平。梦琪发现，他们是没有结果的，她的心开始痛了。

6

回到梦琪的城市，春生整天无精打采的，梦琪知道他想家，想他的父母，当爱情热度过去后，生活现实的一面就会出现。梦琪跟春生提出分手，春生舍不得，他不同意，可是他的牵挂却丢在远方。

一天，春生接了一个电话，心情突然烦躁起来。他父亲因为年纪大了，被公司辞退，公寓也被收走了，父母现在临时住在亲戚家。他们在那个小城也住了二十多年，春生就是在那里长大的。春生的父母决定用所有的存款买一套房子，不够的先借再贷款。而作为唯一的儿子，他没存款，打工挣的钱，也只够日常开销的。他不同意父母买房子,那是很大一笔债,他没钱还,这个债就得年迈的父母还。家里亲戚们都支持父母的决定,用孝道逼着他回去帮助父母。他烦躁起来,回还是不回?回,舍不得梦琪;不回,父母怎么办?

梦琪支持他父母买房的决定,为了他的未来。但买了房,他的未来就没有她了。最后,春生决定回去看看,带着梦琪一起回去。在梦琪的支持下,买房成为定局,房贷的单据、申请都是梦琪陪着一起打印的,就在他们经常去的一家网吧旁边。不过没有人再提结婚的事,梦琪知道,自己不会永远地留在这里,春生也知道。

为了偿还庞大的贷款,春生的亲戚在当地给他找了一份工作,有公积金可以贴补。开始,春生不同意,梦琪就鼓励他去上班,后来,当梦琪的假期结束,该回家了,而春生已经走不开了。

7

回到家的梦琪抱着曼玲大哭了一场,哭出心中的委屈,说出心中的痛苦,还有思念。后来,梦琪还会上网寻找春生,但慢慢地春生开始消失于网络中,孤独的游戏里再也看不到春生的身影。后来春生的空间出现另外一个女子的身影,她长得像梦琪,是春生工作单位的同事。

梦琪跟曼玲说,她永远记得,春生送她去坐机场大巴时,分开的那一瞬间,她突然回首,看到春生眼角的泪,而她只能逼着自己向他微笑。坐上大巴时,梦琪的泪哗哗地流下来,她想下车,想再一次投进春生的怀抱,可是想到他年迈的父母,想到两年来春生对她的呵护和爱,她咬着牙,坐着车,踏上归程,这里不是她的家,她那里,也不是他的家。

梦琪用放手成全了春生对父母的爱。现实总是残酷的,爱情并不只是拥有,有时候是舍得。当爱情碰上亲情,对他最好的爱就是放手,因为人不是独自活在这个世上的,还有更多的责任要承担。

犯错不可怕,可怕的是学不会总结

白枫麟

谁的青春没有因为犯错而留下深浅不一的伤痕?疼痛的伤口时刻提醒你吸取教训,不要再犯同样的错。可是当时间抚平一切伤痛时,你会不会好了伤疤忘记了痛?

米彤披头散发蜷缩在沙发里,地上散落一团团濡湿的纸巾,整整五个小时,她抹着眼泪,哑着嗓子,打了无数个电话,内容只有一个——哭诉。

她做梦也想不到,相恋三年百依百顺的男友姜洋会突然提出分手,然后头也不回地提着行李箱离开了爱巢,准确地说是他们曾经的爱巢。

劈腿,电视剧的狗血桥段在她脑海中上演一遍,她得出了这样一个不靠谱的结论。

如花似玉的她怎可能输给一个半老徐娘?

除非是姜洋亲口告诉她,否则她是怎样也不会信的。当事人屏蔽了她的夺命连环 call(打电话),迫于无奈,她只能旁敲侧击。

于是,米彤一遍遍地给好友打电话,念叨着熟记于心的台词,"他曾经说我是他的一切,他肯为我付出所有。三年来,我们一直相处得很好,为何一则女同事的短信,他翻脸跟翻书似的,突然就不爱了。我到底做错了什么? 谁能告诉我? "

米彤的泪水又一次决堤。

整整一天,她茶饭不思,滴水未进,脑袋一阵阵眩晕。在事情水落石出前,你让她如何吃得香,喝得下呢?

皇天不负苦心人,她找到了姜洋的匿身之所,姜洋没接她的电话,由一哥们代劳。那男人张嘴,吐了三个字——你太作。

米彤的"作"在圈内是有目共睹的。

尽管她是上帝垂青的女子,美貌与智慧并存,家底殷实,可是当你了解她的真性情后,相信没几个人有胆量示爱。

她是玛丽苏光环笼罩下的女主角,绝对不走寻常路,恋爱不谈则已,一谈惊人。如果他不能与她红尘做伴,策马奔腾,轰轰烈烈爱一场,试问那还叫恋爱吗?

生活平静如水不要紧,她一脚就能踏出五彩涟漪。

隔壁系的姜洋同学偏偏不信邪,一纸情书,洋洋洒洒述说着款款深情。

"不够诚意!"米彤将情书随手丢进了垃圾桶。

"我该怎么做?"被爱情冲昏头脑的姜洋脱口而出。

米彤没再开腔,将一段网络经典求爱的视频发给了姜洋。

当晚女生宿舍楼下摆出了她期待的心形蜡烛, 还有一名衣着时尚、手捧鲜花的痴情表白人。

女主角在千呼万唤中始出来,在众人的掌声和祝福声中,一脸娇羞地接受了姜洋的"诚意"。

从此校园里流传着一段奔走相告的佳(笑)话。

你认为姜洋终于熬出了头,抱得美人归。叮咚,恭喜你,答错了。在米大美人与他牵手的那一刻,他的黑暗之旅正式开启。

姜洋的手机、笔记本、平板的屏幕、桌面统统换成米大美人的照片,至于 QQ 密码、微信密码、开机密码、银行密码等,必须换成她的生日。

姜洋将马蹄袖啪啪一甩,单膝下跪,大喊一声"嘛"。

有一次,姜洋在自动提款机取钱,米彤赫然发现男友的银行卡密码竟然不是她的生日,整个人当场斯巴达(网络用语,意思是崩溃)了。

"你的心里到底有没有我? 有没有我? 有没有我? "米彤痛哭流涕,嫣红的指甲不停地戳对方胸口质问。

吓得隔壁取钱的女生脸都绿了,急忙闪人,不知情者还以为姜洋做了何等忤逆之事。

姜洋一时大意失荆州,最后唾沫横飞,好话说尽,就差竖起三根手指对天起誓。

米大美人这才破涕为笑,说:"仅此一次,绝无下例。"

这是何等的恩典,但是错了就要罚。

"姜洋,你必须在两个小时内买回西城的麻辣小龙虾,否则要你好看。"米大美人撂下狠话。

彼时夕阳西下,正值晚高峰时期,学校在东城区,从东城区到西城区,没三个小时赶不回来。

"臣妾做不到呀！请大王从轻发落。"姜洋苦着一张脸。

"我不管,你惹我的。"米彤嘟起任性的小嘴。

姜洋一咬牙一跺脚,风一样地出了校门。

当米彤喜滋滋地坐在宿舍吃着自己的战利品——小龙虾时,姜洋正为下周的伙食费犯难,因为高额的打车费远远超出了他的预算。

哥们纷纷劝他,天涯何处无芳草,何必单恋一枝花。更何况米彤还是一朵被荆棘包围的玫瑰,想采撷,必定受伤,不想被虐死,趁早收手。

姜洋道:"她本性不坏,从小父母娇惯了些,恃宠而骄。毕业之后,出了社会慢慢会成熟的,我愿意等她。"

他固执地陷进爱情里,一晃就是三年。米彤在职场上飞速成长,然而生活中依然还是大三那年蛮横无理的磨人精。

他们分手的导火索源自一条信息,一条姜洋女同事发来的信息。

内容极其简单。

"你睡了吗？"

"发错了,对不起。"

不知从何时起,姜洋将女性的手机号码在电话簿中保存成了男性名字。例如,发信息这位女同事叫江承琳,他改成了江成林。

米大美人太爱翻他的手机了,每次看见女性号码就嘟囔半天,似乎全世界女性都是她的情敌,弄得姜洋只能出此下策。

理由很白痴也很苍白,只是没想到机关算尽,反误了卿卿性命。

"你们认识多久了?背着我干过什么?"米彤冷冽的眼神闪着寒光像两把明晃晃的剑刺向了姜洋。

"你误会了。"姜洋百口莫辩。

"误会,好个误会。你存个男人名,目的是什么? 有什么见不得光的? "米彤额头青筋暴起。

一句话涵盖的信息量太大,米彤已经打电话确认了,她凭什么三更半夜打电话骚扰他的同事? 让他一个主任的面子往哪里搁? 江承琳一个四十多岁的女人,他们就是同事,除了同事关系什么都没有。她怀疑什么? 瞎搅和什么?

那晚他们吵到了深夜两点,米彤一哭二闹三上吊,扰得邻居报了警,他们才被迫消停。姜洋揉按着太阳穴,这日子没法过了。上午九点他有一笔大单要签,成败直接影响升迁之路。不过眼下他没有精力考虑职场,他需要反思一下他们的恋情。三年过去了,她依然唯我独尊,他的忍耐到了极限。未来的路,他们还能携手走下去吗?

清晨六点,姜洋垂头铩羽拖着行李箱离开了房间,房门在他背后"砰"地关上了。

米彤的回忆戛然而止,静寂的房间里突然爆发一串凄惨的笑声,接着又是声嘶力竭的哭声。

夏末的知了歇斯底里地叫着,却难以挽留夏季匆忙离去的步伐。

米彤声泪俱下,为树叶染上了一层凄凉的黄。

缘起,缘灭,不过一瞬间。

冬日里《匆匆那年》上映了,米彤抱着爆米花形单影只地入场。

她看到方茴为了报复陈寻,不惜与他室友发生关系。中招后在医院堕胎,医生建议打麻药,方茴坚决不打麻药,咬牙做完手术。方茴拖着虚弱不堪的身体走出来,与陈寻四目相对,她惨如白纸的脸上带着决绝的神情,一步,两步,她走向陈寻,跨过青春,迈出无知……

米彤的泪水像开闸的洪水泛滥成灾,止都止不住。

她的恸哭引起周围人侧目。

小姐,你没事吧。

剧本是杜撰的,姑娘,别哭了。

米彤拎起手提包跑了出去,蹲在冰冷、清净的大街上,号啕大哭。

她既是哭方茴和陈寻,又是哭她自己。因为他们都是犯错的人。

电影中的陈寻先犯了错,爱上了沈晓棠,放弃了方茴。方茴为了陈寻的错,自己也犯了错。可是方茴为何要去承受身体上的痛楚呢? 因为她知道自己犯了错,一个本可以避免的错,如果没有这个错,她和陈寻还可以走到一起,走到最后,就不会有那句逗留在课本中的话"不恨梦归处,只恨太匆匆"。

可是谁的青春没有浅浅的瘀青,谁的初恋不刻骨铭心?

犯错以后势必会留下痛苦,不过还好有痛,那种痛足以提醒错误的严重性。方茴故意让医生不打麻药,她要记住这份痛,永远记住这份痛,以后的以后,甚至下辈子都不再犯这种痛失爱人的错误。

米彤的痛,米彤的错,她心知肚明,她从一开始就门儿清。

她的爱是辛辣的,像芥末,偶尔调剂一下口味还可以,如果长期食用恐怕要吃坏胃口。这些年她和姜洋之间很像童话故事《渔夫和金鱼》,在她的高压索求下,姜洋这条一再满足她的"金鱼"终于忍无可忍地炸毛了,她从特权阶级一下回到了解放前。

"我错了,姜洋,我愿意改。"米彤低吟。

吴淡如说:"爱情不是得到就是学到。"

　　所谓真正的成长,正是对自己认识上的一次次颠覆,一次次否定,一次次蜕变。否则伤痛再多也学不会成长,只会接踵不断地犯类似的错。人非圣贤,孰能无过,知错能改,善莫大焉。犯错不可怕,可怕的是学不会总结。如果不会总结,如何能保证下次不犯呢?

　　"对不起,我爱你。"这是米彤发给姜洋的信息。

　　不知道姜洋回复了她什么。

　　她看着短信,嘴角勾起了一抹笑。

　　冰雪初融,春天还远吗?

第四章

照亮你前行的那颗星星

我们的成长,有伤有痛,有泪有疤。那些被抚平伤痛的人儿,别忘了伤口上的那一抹轻轻的春风。

幸福有时候,自己知道就好

红素清

　　幸福其实是一种感觉。这感觉,耐得住寂寞,经得起诋毁,受得过嘲讽,它不以任何外界的因素为转移。无论你在不在意,它都安安静静地躺在心底。

　　这感觉,不可言传,难以意会。

　　这感觉,有时候,自己知道就好。

　　幸福在哪里? 它在你晶莹的汗水里,它在你闪光的智慧里。殷秀梅在歌曲中这样唱道。

　　幸福是什么? 它就是:"我饿了,看见别人手里拿个肉包子,他就比我幸福;我冷了,看见别人穿了一件厚棉袄,他就比我幸福;我想上茅房,就一个坑,你蹲那儿了,你就比我幸福。"范伟在电影里这样讲。

　　现在朋友圈里很流行晒幸福,我看得头晕目眩,心里有些糊涂,不知道究竟什么才是幸福。

　　亲爱的,不知你是否能给我一个答案,帮我给幸福下一个定义?

1

半年前,小静打电话告诉我她离婚了,我万分吃惊。

平日的同学聚会,小静是我们所有女孩子羡慕的对象,我们羡慕她嫁了一个好老公,总是带她到世界各地旅游,舍得为她花钱,更舍得为她花时间。

在我们认识的女孩中,无论是相貌还是性格,小静都是佼佼者。因为各方面都很优秀,她身边总是不乏狂热的追求者。

不过,小静是个很理性的姑娘,她拒绝了富二代和很多非常优秀的追求者,最终选择了一个很普通但很爱她的人嫁了。

那时候我们都为小静惋惜,觉得那个男人配不上她。不过没多久我们的惋惜声就消失了,因为小静在朋友圈晒出了各种各样的礼物,都是她老公送的,我们各种羡慕。

再后来小静的朋友圈是各种美食美景,简直亮瞎我们的眼睛。我们各种忌妒,纷纷称赞小静的老公是国民好老公。

记得,小静在朋友圈里晒的最后一次照片,是他们在巴厘岛的旅行,他们脸贴脸,笑容里满是幸福,再然后小静就给我打了那个电话。

我问小静过得那么幸福,为什么还要离婚。

小静反问我,幸福是什么,我答不出来。她笑着告诉我幸福是个虚无缥缈的影子,一般人很难抓住它。

小静说,朋友圈晒的那些礼物,是她自己买的,旅行的所有费用也都是她一个人出的,她那样做不过是想证明没有金钱的婚姻也可以很幸福。

原来几年前,小静处了一个很富有的男友,可是这段恋情却遭到了男友父母的反对,他们觉得小静太穷,和他们家门不当户不对。

起初男友还和小静站在一边,不顾家人的反对。可是没过多久被家人断绝经济来源的男友就受不了了,他向小静提出了分手。

小静很气愤,她在心里发誓:一定要向他们证明幸福和金钱没有关系。许是这个原因,小静才在后来的追求者中选择了一个经济条件最不好的。

结婚的这些年,小静为了憋在心里的那口气,拼命地工作赚钱,她用赚来的钱买名贵的礼物,到处旅游,发到朋友圈。她希望可以将这一切通过这种方式传递到前男友和他家人的眼里。

可是就在前不久,小静得知前男友的一家早就移民了。她哭了好久,觉得这么多年她的生活就是一个笑话。她说这个世界根本就没有幸福,所有和幸福有关的东西都是假象。

2

大学时,阿七姑娘是我们班里最爱显摆的一个,就连过个英语四级她都要庆祝一番,恨不得全世界的人都知道。

我劝她低调一些,她说那是她花了几个月的懒觉得来的成果,必须要向世界人民展示一下,那样幸福感会暴涨。

我们开玩笑逗她为什么不顺带着把丢钱的事情向世界人民汇报一番,她白了我们一眼,说那玩意儿展示出来丢的钱也不会回来,一点幸福感都没有,何必浪费感情。

这是阿七姑娘显摆的习惯——显喜不显忧。

不过结婚后的阿七姑娘就彻底变了,每次给我打电话都是因为和老公吵架,她每打一次电话都能喋喋不休地说上好几个小时,而且完了还非要我说出个一二三,揪出矛盾点才肯罢休。

我那时想阿七姑娘的婚姻生活一定很糟糕,有几次我甚至动了劝她离婚的念头。

一个偶然,公司安排我去阿七姑娘所在的城市出差,她邀请我去她家做客。我当时还在想象出现在自己眼前的阿七姑娘,那一定是个毫无生气的怨妇。

事实证明是我多想了,眼前的阿七姑娘光彩照人,比上学时还要靓丽几分,她的老公与她十指紧扣,看起来好不甜蜜。我简直不敢相信那个温文尔雅的男人和她电话里描述的脾气暴躁,经常为小事与她争执的是同一个人。

我有种被骗的感觉,当即将阿七姑娘拉到一边质问她。

她摆出一副很无辜的表情,说从来都没有骗过我,她确实经常和老公起争执。我偷偷地瞄了她老公一眼,他正看着她,眼神里满是宠溺。

　　我对阿七姑娘说,他肯定待你极好。阿七姑娘点头,我疑惑她为什么不说他的好,偏偏拣不好的告诉我。

　　阿七姑娘满是不屑,她告诉我婚姻中的幸福又不具备传递性,打电话给我是白费功夫,但是争执不一样,告诉我不仅可以发泄,偶尔还会发现问题之根本,这样以后就不会再因为类似的问题吵架,幸福指数会瞬间提高。

　　我无奈地叹了口气,说她真是个心机女。她俏皮地眨了眨眼睛,说幸福这个东西很微妙,很多时候连最亲近的人也无法感同身受。

3

　　阿木很喜欢写作,他觉得幸福就是拥有一本自己的书。

　　坚持十年,阿木终于出了第一本书。一直默默支持他的老师感到分外骄傲,邀请他给即将毕业的大四学生做一个励志类的讲座。

　　阿木擅长写字,但对说话却有些惧怕,特别是人多的场合,他本想拒绝,但是想想老师这么多年的鼓励和支持,他没好意思说出那个"不"字。

　　阿木在网上搜了很多和讲座有关的视频,趴在桌子上熬了好几个夜晚,写了一摞演讲稿,厚度快赶上他出的书。他觉得有些多,于是一遍遍地念,一次次地删。

等稿子删到阿木认为合适的时候,他已经能够很熟练地背下来了,他第一次觉得说话其实也不难。他兴奋地在屋子里踱步,又一次背诵稿子,里面的每一个字都能让他想起那些坚持写字的日子。

背完,阿木捧着他的书,激动地流下了眼泪,他觉得他从来没有像现在这样幸福过,这一刻他认为幸福就是坚持和努力背后的收获,他想让更多的人体会这种幸福。

阿木觉得现在的年轻人都太浮躁,没耐性,这样是无法靠近梦想的,想到这里他又修改了讲座的内容,他决定将这十年来的艰辛路程讲给那些年轻人听,让他们慢下来学会坚持。

阿木讲得非常卖力,滴在额头的汗珠从未消失过,可是他发现很多人都在大声地讨论,根本没有在听他说话,于是他将声音又增了一度。

这时,坐在前排的一位男生举起了手,阿木以为他是被自己的讲话触动,忙停下来,激动地走到他身边,问他是不是有什么话要说。

阿木将话筒递给那个男生。他对阿木说,你能不能声音小一些,耳朵着实受不了。

阿木僵在那里,脸顿时红了起来。再次回到原位,阿木觉得万分别扭,他不敢看台下的人,原本熟背在脑子里的词儿一个也想不起来了,下面的声音越来越大,讲座在一片混乱中结束。

回去后,阿木收到很多信息,有人问他用十年的时间完成一本书,是不是赚了很多稿费,有人问他那本书卖出去多少本,有没有提成……

阿木又拿起了自己的书,他仔细地端详着,却再也找不到原来的那种幸福感。他拿起笔,翻开书,在扉页上写了一行字:幸福究竟是什么?

4

我们常常对最亲近的人说:祝你幸福!

可是究竟什么是幸福,它到底在哪里? 这个问题,很多研究它的人终其一生也给不出一个所有人都满意的答案。

究其原因,就是它根本没有答案。

幸福其实是一种感觉。这感觉,耐得住寂寞,经得起诋毁,受得过嘲讽,它不以任何外界的因素为转移。无论你在不在意,它都安安静静地躺在心底。

这感觉,不可言传,难以意会。

这感觉,有时候,自己知道就好。

不要忘了感谢鼓励你的人

安雨

我们的成长,有伤有痛,有泪有疤。那些被抚平伤痛的人儿,别忘了伤口上的那一抹轻轻的春风。

那些在你生命里来来去去的人儿,有的人给你一颗糖,你觉得很甜;有的人给你一巴掌,你觉得很痛;而有的人给你一束光,却让你坚定了遥远的方向。你相信,万物都会在时间的横扫下化为尘嚣,但始终有个瞬间,能令你刻骨铭心,直到白发苍苍,人海茫茫。

13岁到15岁这段校园时光是我人生里最灰暗的一片阴影。在一所被各年级老师各种手段施压的学校里度过惨淡无光的三年,直到现在我依旧不会原谅那些曾嘲笑和伤害过我的已经埋在了我记忆里的人们。

在无数个阳光正暖的午后,窗外的梧桐正绿,天正蓝,白云正慵懒的时候,我抬起头看看我的四周,一切还是没有变,我依然坐在初三的教室里。

坐在我前面的小胖子待在网吧里都忘了在课前赶回来,那些高冷的学霸们忘我地在午休时间里冲刺学习。还有那后排的男生们为了兄弟情义不知又跟哪个小分队一决高下，情窦初开的小姑娘们满脑子的心思都扑在了那一张张折叠成心形信纸的情书上。还有我,那个时候的我又在做什么呢?

那时候的我，成绩中等，永远突破不了排行榜上的二十大关。忽忽悠悠地听着每节课，马马虎虎地交着每张试卷,恍恍惚惚地过着每一天。其实,对于上课,那些从来都是学霸们的战场,整节课下来,你听到的只有学霸与老师雄以争锋的激烈辩论声,作为我们这些根本入不了学霸与老师眼的差生们，简直连出声的勇气都没有。

坐在我后面的女生，是排行榜前三的天之骄子。每每上课我都得挺直了后背，你根本无法忍受她唾沫横飞地跟其他学霸争得面红耳赤。

坐在我右边的男生，是排行榜前十的一匹黑马。他喜欢我后面的女学霸，因为他总是上课偏着头，课下总是准备了很多润喉的药，很温柔很关心地送给他的女神。

再说我的老师们，我想了很久都无法用什么样的言语去描述他们,他们好像是同一个人，又好像不是，真真假假分不清楚。不过,他们有着同样的一张脸,虚伪,势利,暴力,包括语言暴力。

很多次，老师为了捍卫自己的尊严，同时为了活跃课堂气氛,提问那些本就自卑又害怕答错的同学，一犹豫就被老师张口骂成:"笨猪先飞,你连猪都不如,这么简单的题都不会,你还待在这里有意思? 你这么笨,你妈当初怎么生出来的你……"你以为这样老师就会放过你吗? 不会的,老师会让你一节课站在讲台旁侧,一节课站在教室门口。你可能这些都能忍过来,你却怎么也忍受不了同班同学嫌弃的目光和看客一样的嘲笑声。

曾有一度的时间,我幻想着自己就是一只蜗牛,躲在安全无缝的壳里就不会受伤。十五岁的年纪,本是青春多姿多彩,但那是别人的,而我,我的青春是一大片一大片的灰色,没有光。

我每周最希冀的时间就是周六放假,回到家里自己一个人关在房间里,看小说,看漫画,写日记,自己跟自己说话。换成现在的我,你可能无法想象我会有这样的一段过去,而那个自卑胆小懦弱的小女孩就是我。

终于临近毕业。有一天,模拟试卷上的题,老师都是抽着学霸的错题讲述,剩下的题都无可奉告。我鼓起勇气扭过头小心翼翼地向后面的女学霸借试卷,她头也没抬地直接从抽屉里拿出来,用食指和中指夹着递给我。那一刻,我才知道,在竞争的意识里,我连自尊都输得一干二净。

也就是从那一刻起,我就知道这个自卑胆小懦弱的自己已经死去了。即使,我看见后面的女生将一本看完的《麦田里的守望者》还给右边的男生,我婉言相借,换来的不过是对方嗤之以鼻的一句:"你也配看这书? 你看了,我的书岂不是要掉价? "就算是这样,我不过是云淡风轻地呵呵一笑,在他们看不见的角落里,我的手指紧紧地攥着硬生生地从桌底抠下来的木屑,紧紧地。

其实,我们每个人在年轻的岁月里都是格外的敏感。像一只浑身长满刺的刺猬,别人靠不得,你的孤独只是你自己一个人的。

进入高中之后,无论过去你是怎样的辉煌,不管你是怎样的潦倒不堪,离开了,你又可以在新的地方开始新的生长。没有人会在意你过去怎么样,这一切取决于你又是以怎样的一个姿态改头换面。

我也是从 15 岁开始思考,我以后一定要考入大学,离开这里,去很远很远的地方,遇见很多很多的人。所以,我的整个高中三年都在学习,比别人更加不要命地学习。

别人谈恋爱的时候,我在学习;别人上网的时候,我在学习;别人逛街的时候,我还在学习。

我很感谢我的语文老师,我记得她跟我说:你是一个让人心疼得束手无措的小姑娘。不论你的性格为何会如此冷漠,也要学会微笑前行,温暖自己。你的路还很长,因为你比他们都努力。

或许很多人都不会相信,我因为老师这样的一句话,躲在宿舍的被窝里哭了许久。在我最惨淡以至于到了厌学的边缘时,没有一个人会对我说:嘿,你真是一个让人心疼的姑娘!你一定会成功的。可是没有,哪怕有一个人给我一个不言不语的拥抱也好,可从来没有这样一个人。

这三年里,我遇见了章琪还有小姨,她们陪我走过了三年,也陪我走完了大学一直到现在。她们每个人都有我无法感触的伤疤,但她们都和我一样成了另外的一个自己,而且做得很好。

无论我在大学里多么个性独一,还是带给别人满满的正能量。遇到再大的困难,碰见多么坎坷的旅程,遭遇再无法忍受的难堪,我都砥砺前行。因为,我知道,我的人生并没有因年少的那几年而毁掉,所有的苦难终将会被我消耗掉。

在工作中,跟我前去的还有一个实习生。因为一次排版传送和报纸印刷份数传递错误,被副主编呵斥,回到办公室坐在电脑前哀哀戚戚地直掉眼泪。我递给她一张湿巾:谁一开始还不犯错,给下一次一个漂亮的反击。

后来,我实习结束走的时候,她微笑地给我一个拥抱:"你看着比我小,心可比我大多了。其实,要不是你的一句话,我那个时候就准备收拾东西走了。后来你一说,我就想错都错了,如果连承认和反击的勇气都没有,估计下一个工作还是如此。谢谢你!"

你更应该谢谢你自己。我笑着回复她。

距离我15岁的年纪,已经过去了五六年了。如果有个时光机,我很想回去抱抱那时的自己,那个孤独自卑胆小的小女孩,她最渴望的就是这个拥抱。只是谁也不曾想到,那个拥抱,只有自己能给。

　　我们每个人都会经历人生里的惨淡无光，荆棘险阻，多少人在自己的壳里与黑暗为伍，不见天日，遥远无涯。

　　其实，我们的生命里都缺少一个贵人。他的一句话，便照亮了你混沌的人生，惊醒了你迷茫的人生。

　　而你，你只是孤独，只是害怕，你需要的不过是一个温暖的怀抱，一段适合的话语。

　　我们的成长，有伤有痛，有泪有疤。那些被抚平伤痛的人儿，别忘了伤口上的那一抹轻轻的春风。

别让等待,荒芜了年华

江丰桃云

等待,不一定能在梦田里开出一朵花,反而会在无尽的岁月里,枯萎你的年华。而耕耘,不仅能开出一朵花,还能在你想象不到的时候结出饱满的果实,丰饶你的年华。

参加工作以后,整天忙碌,很少有时间静下来看书。今天是周末,难得清闲,于是决定去市图书馆看书。正要踏入图书馆时,多年不联系的好友云裳突然一个电话打来,"小宋,你在哪? 来时光彼岸喝咖啡,我请客。"

云裳是个特立独行的人,大学里不爱交朋友,也不注重功课,唯一的爱好就是看书。

常常见他走路都在看书,宿舍里更是堆满了一箱箱的书。因为书的关系,我们成了朋友。

他说他喜欢自由职业,毕业了想开一个书店,一辈子就活在书的世界里,与书共度一生。

带着好奇,我打车来到了市中心的"时光彼岸"。

它坐落在一栋大厦的 17 楼里,属于家庭式的咖啡屋。一打开门,首先便闻到了一种淡淡的咖啡香味。然后看到了一个温馨的小屋,里面有许多仿真的水果装饰品,墙上贴满了手工制作的白鸽和油画。

小屋里放着许多木制的桌子和沙发, 在桌子和沙发两边又放了几个书架,书架上摆放了文学名著、《东西方哲学学史》、《中华上千五年》等几百本书籍。

我站在书架前看了好久,正要取出一本书翻看时。云裳从我身后出来,拍了一下我的肩膀:"哈喽,小宋。"我才回到现实,把注意力转向他。

多年不见,他还是老样子。犀利的眼神下,仍然书香气十足,只是瘦削的脸颊配上厚长的胡须,看上去比以前沧桑了许多。选了一个靠窗的位置坐下后,他轻松地走向前台点了一首轻音乐,让服务员给我们调了两杯拿铁。

接下来,房间便响起了熟悉的《雨的印记》。

他有些得意地问道:"你是不是注意到从你一进来到坐下,并没有服务员前来问你要喝些什么?"我不解地点了点头。

他抿嘴笑了笑,"因为我就是这家咖啡屋的老板。"

我听了一脸诧异,市中心的房价一万多一平方米,这个咖啡屋起码有 60 平方米。短短三年,他竟然买下了这个房子,还成了咖啡屋的老板。

我正要澄清心中的疑惑时,他就主动交代了。

"其实,我在念大学时,就想着以后要自己当老板,过自己想要的生活。绝不去打工,或是考什么公务员。毕业后,我用自己存下的奖学金以及家里为我卖房子的钱,做创业资金,买下了这个小房子,开了这家咖啡屋。"

我问他,"那这几年,你的生意怎样,本钱都捞回来了吗?"

他很不以为然地回道:"第二年就把本钱赚回来了。可是,宋,你知道吗?即便没有赚回来,为了梦想,早一点去耕耘,即使暂时看不到希望,也是没有错的。"

被他这么一说,我瞬间感到无地自容。

我们每个人都有梦想,可是我们总是在走着走着,就忘记了初心。没有之前为梦想付出的勇气了,也渐渐地担心着实现梦想的代价是我们承受不起的,更担心梦想的背后,会有黑暗和雷雨,在等待着我们,只要一步走错,我们便会满盘皆输。

也因此,我们总是会一再地等待,一再地犹豫。以为机会总会青睐我们,错过了这个店还有下一个村。白白地错失了许多机遇,荒芜了太多的年华。

事实上,等待,不一定能在梦田里开出一朵花,反而会在无尽的岁月里,枯萎你的年华。而耕耘不仅能开出一朵花,还能在你想象不到的时候结出饱满的果实,丰饶你的年华。

由此,我想到了同事杨帆。

我们是一起进公司的。他说他到公司上班只是短暂的,家里已承诺出钱帮他开个书店，当个小老板，过自由自在的生活。我问他为什么会想到自己开公司。

他开始仔细和我讲起来。

他的父母以前也帮别人打工，尝尽了辛苦，后来千辛万苦后，才创业成功。给了他很好的物质条件，他说如果自己创业成功了，就不再是富二代，而是富一代了，以后自己的孩子也才会有好的生活条件。

原来，家里条件好，愿意支持他，他才决定创业的。

后来，见他每天闲暇时都在网上搜索开店的相关资料，还常常购买一些经商方面的书籍来研究，我不禁对他竖起了大拇指。

可是两年多了，他却一直没什么行动。我开始纳闷起来。怀着好奇的心理，我问起了他："都这么久了，你书店开了吗？怎么没见你有什么行动呢？"

他淡然地看了我一眼，很丧气地回道："你不知道呀，开店哪那么容易。要考虑成本，后期管理，市场规律等知识。"听他这么一说，我吃了一惊。他明明是有条件开店的，却因为担心一些有可能面临的因素而不敢去尝试。

"那这两年来，你在这里上班觉得值得吗？会不会觉得浪费了许多光阴？"

他又无奈地笑了笑："我在公司上班也是有所收获的。只是，我一直在等待，等哪天看完了所有经商方面的书籍，考察完市场前景,有百分之百的把握后,再去开店。可是到后来,我觉得好像越来越难了,就一直拖到现在都没有去开店,想来也还是有些后悔的。"

后来再和他交流时,他已经放弃了创业的计划,觉得还是在公司老实待着安全些。

不禁为他感到惋惜。

因为,流年似水,你若不好好珍惜它,就会在不知不觉中将其荒芜掉。人生,经不起等待。因为等待,会让你裹足不前,会让你失去前行的力量,会让你白白错失掉许多机遇和可能性。

也许,当初你耕耘了,生命之花可能便会灿烂地开放起来。

也许,当初你果敢了,期待的梦想可能便会早一些实现。

也许,当初你前行了,可能即使失败了也比你没有努力要感觉爽快些。

莫等闲,白了少年头。我的朋友,别让等待,荒芜了你的年华!

选择和谁在一起过你喜欢的生活很重要

朱海兰

相信，每一个人的青春里，都曾经有过一段痴迷而又癫狂的爱情，这份爱情会把自己伤得遍体鳞伤，然后让自己成熟并最终明白和懂得一个道理："强扭的瓜不甜，你最爱的那个人未必是与你相守一生的人，而与你相守一生的那个人，一定是最爱你的那个人。"

糖糖知道，如若不是因为自己爱得痴迷而又失去自我，这样的狗血剧情不会在自己身上上演。如若现在不是因为自己遇到可以真正与自己携手一生的咏歌，如若不是因为是咏歌重新帮自己找回快乐，怕自己不会这样轻描淡写地去回忆那段往事，怕只要动一下心念，就会是刻骨铭心的疼痛。

故事应该从三年前那场意外的婚礼说起。

糖糖把自己蒙在被子里，泪流满面。是的，怎么能不疼？自己爱的人明天要结婚了，而新娘却不是自己。是的，糖糖在内心问了自己千百遍，她爱莫雨尘，爱得痴迷而又癫狂。可她来晚了，因为莫雨尘已经有了女朋友，并且到了谈婚论嫁的地步，但糖糖还是禁不住向莫雨尘表白了，却被莫雨尘拒绝了。

虽然莫雨尘把一切后果都分析了,可情窦初开的糖糖,爱上的第一个男人就是莫雨尘,这种爱一旦说出口,就如爆发的火山一般,不是自己想收就能收得回来的。就这样,糖糖在胡思乱想中不知不觉沉沉睡去。

当突然的电话铃声把糖糖从睡梦中叫醒的时候,糖糖一下子从被窝里坐了起来,她以为自己今天上班又要迟到了,可睁开眼才发现,天才刚刚亮。急忙把电话拿在手中,接着糖糖的眼睛一下子瞪大了,因为打来电话的人是莫雨尘。糖糖想,此时的莫雨尘应该是披红挂绿迎娶新娘子的时候,怎么会有空给自己打电话。糖糖学不会拒绝自己心心念念的人,没有犹豫就接了莫雨尘的电话,接着糖糖整个人就惊呆在了原地,因为电话里莫雨尘在清清楚楚地对自己说:"糖糖,你愿意做我的新娘吗?如果愿意,我现在就去接你。给你一分钟的考虑时间。"

糖糖的嘴巴张得很大,但却没有发出声,大约半分钟后,糖糖从电话里惊呼着对莫雨尘说:"我愿意,你来接我吧。"

半个小时后,莫雨尘的迎新队伍来到了糖糖租住的单身公寓里,把穿着一身工制服的糖糖接进了迎接新娘子的轿车里,十几辆轿车载着糖糖和莫雨尘向结婚典礼的现场驶去。在路上,接新娘子的人就对糖糖说出了莫雨尘突然迎娶糖糖的原因。

莫雨尘女友,不,应该说是他的妻子的妈妈非要问莫雨尘拿出一万八千八百八十八元的新娘上车钱。莫雨尘为这场婚礼已经花光所有的积蓄,此时他问八百八十八行不,结果新娘子的母亲坚决不同意,把新娘子反锁进屋里不让出来。这下可急坏了莫雨尘,因为亲戚、邻居、好友都在结婚典礼现场等着,所有酒席也都上了桌,莫雨尘如热锅上的蚂蚁一般,可新娘子的母亲就是不让新娘子上车。一怒之下,莫雨尘让车队调头道:"这婚我不结了。"然后带领着浩浩荡荡的车队,就把糖糖迎娶了过来救场。

就这样一场特殊的婚礼开始了。新郎西装革履,新娘却是素面朝天一身制服装。本来应该热闹的结婚现场,却是安静而又沉重,莫雨尘是让糖糖来救场的,也是在向新娘子的母亲示威:让我莫雨尘难看是吧? 好,你女儿不嫁给我,自有人愿意嫁给我。

当酒席散去、人离去的时候,夜幕降临到这个繁华的都市,莫雨尘带糖糖来到了他们的新房,并深情地拉住了糖糖的手:"糖糖,谢谢你的勇敢,相信我,我不会委屈你的,从今天开始,我们正式恋爱,一年后,如果我们是彼此相爱的,我会给你补一个比今天隆重一百倍的婚礼。"

糖糖让自己的身体斜倚在了莫雨尘的肩上:"婚礼只是形式,我不要形式,只要过程,只要过程是幸福的,是彼此相爱的,这就足够了。"

可单纯的糖糖想错了,当一切回归现实的时候,糖糖知道,自己要为自己的冲动付出代价了。

糖糖与莫雨尘聊了一整个晚上,一直到了天快亮的时候,两个人才和衣而眠,就在糖糖睡得正香的时候,便被"咚咚"的敲门声惊醒。当他们打开房门,房门外站的不是别人,而是身穿婚纱的莫雨尘的妻子夏可可与她的母亲。这样的场景不知道是用尴尬来形容,还是用难堪来形容。

夏可可的妈妈一把握住了糖糖的手:"谢谢你昨天帮我们家可可救了场,昨天我做的有点过分,是来向你们道歉的,现在一切都没事了,你可以走了,我把莫雨尘真正的老婆送来了。"

糖糖想把自己的手从可可妈妈的手中抽出,可她的力气实在比自己大,糖糖硬是没有抽出来,而是可可的妈妈硬是把糖糖从房门里拉到了房门外,然后把自己的女儿推了进去。看得出夏可可定是哭了一夜,她的眼睛还是红肿的。

夏可可的妈妈没有丝毫放过糖糖的意思:"看你的模样,除了比我闺女小几岁外,也并不比我闺女长得漂亮。听说你是从偏远小城市到这里来的,你愿意这样拆散一段美好的婚姻,定是相中我们家的财产了吧?可你打算错了,这房子的名字落的是我闺女的户。"

夏可可妈妈的话,把糖糖的耳朵刺得生疼。她想,这会莫雨尘应该是站到自己这边的才对,他应该帮自己说话才对。可是莫雨尘的话还没有冲出口,却被夏可可的妈妈当场顶了回去:"看在我闺女母女的份上,我就不告你重婚罪,也不追究小三破坏你们家庭的错了。我之所以刁难你,你以为我是爱财,我是恨你粗心,恨你夏可可都怀孕两个月了,你却都不知道。"

　　结局不必再说，最后糖糖以自己单薄的身体在斗争还没有开始时便败下阵来，伤得体无完肤地辞去工作回到了自己的故乡，然后让自己深陷在忧伤与对爱情的恐惧里不能自拔,直到责任男友咏歌的出现。

　　咏歌是一位诗人，看到糖糖的第一眼，便对糖糖说:"你安静得如一株荷花,清澈、透明的忧伤足够可以把我的灵魂淹没。"

　　与咏歌在一起后，糖糖感觉到了前所未有的安全。咏歌对糖糖说:"一个人不能永远活在过去，如果你总是与自己的过去作战,你便注定是人生的输家。好好爱我们的现在,好好珍惜我们共同的拥有,这才是我们最重要的选择。"

　　就这样,不知不觉中,咏歌就把糖糖从忧伤中带了出来,让糖糖真正明白了,一个人生活的幸福,选择和谁在一起真的很重要。

爱不是施舍,是尊重与往来

花底淤青

人之一生一世极短,活着时,"我敬你是条汉子";活着时,咱们要相互爱戴;活着时,情根深重也要懂得取舍。不做感情的乞儿,是我的底线。

择一辈子,就是为了择一个珍重你的人。

1

四月,菟丝和大冬分手的那天,下了整整一夜的雨,草坪淹烂了,树根都泡出来,像所有韩剧中努力刻画的滥情镜头:淋雨,发烧,满面泪流。

菟丝顶着体内作祟的热原质,依旧在纸上写写画画,翻来覆去还是一团团乱七八糟的黑色线条,纠结成毛线球的模样。

一张素白的纸画得花花绿绿不堪入目,到头来还是构想不出一副设计稿。

"咻",手中的纸团飞入纸篓,却撞掉了旁边满满当当的其他纸团。

她想,分手就分手吧,画不出设计稿,明天被boss(老板)骂得狗血淋头才是关键!

天知道她这样想着,眼泪还是止不住地流。泪珠路过脸颊,耗尽恋爱中最后一抹温热。一滴两滴,"啪嗒"一声落在纸片上,洇开黑色线条,像是姑娘们哭花的眼线。

恋爱的情啊爱啊,换算成卡路里,也常常随着泪消耗掉,所以泪多了,爱情就没了。

清晨的时候,早就雨过天晴,窗台照得雪亮,明晃晃地刺眼,一小瓶永生花抖擞精神,旁边栖息两只麻雀,空气中尽是清新气味。

可是菟丝还是乌云盖顶,总是忍不住的难受,身和心都在煎熬,也难怪她会舍不得。

大冬帅气逼人,穿衣打扮很讲究,脑袋瓜子很灵活,高情商,非常会撩妹。在宋仲基成为全民老公之前,他就已经是一副韩范模样,仿佛潮流人物。

菟丝喜欢他,死乞白赖地喜欢他,她对他有执念。

是的,执念。

菟丝将能做的事情都做了,夏天送伞,冬天送温暖,嘘寒问暖少不了,早安、午安、晚安简直像是古代宫廷规矩似的省略不得,甚至为他煲粥熬汤送达怀中。大冬学吉他,菟丝就专门去学贝斯,夹杂在一大堆男生之中研究"哆唻咪",谁叫她一心只想做大冬的伴奏。

这次分手,竟然是菟丝提出来的。她跟我说时,我原以为是开玩笑,呵呵笑了两声,丝毫没有在意。谁知她的眼泪扑簌簌地滚落,真像六月的天,阴晴不定。

我问她分手原因。

菀丝说:"你知道吗? 大冬对我就像是对陌生人,客客气气的,礼貌疏远,一点都不像在谈恋爱!"

感觉这理由强度不够,我怀疑还有其他原因。

她终于叹出一口气,继续说:"大冬不爱我,单单我爱他,就像在演独角戏,实在没意思。"

果然沉默之后,我摇头:"客气已经是好的,你可知像你这样喜欢一个人, 早已是在乞求施舍? 他想予你几分好就予你几分好,对你客气,已经是足够客气了。"

菀丝眨巴眨巴湿漉漉的眼睛,手中握着六角玻璃杯,指节泛白,用力抿抿嘴,半天没说话。

过了很久很久,才开口:"我知道,我作。"

2

人生没有重来,贪心有何不可?

可是,你的贪心没人替你买单,咱总不能自虐一辈子吧。

有时候,我们错在一不小心遇到错的人,一不小心让自己的情绪泛滥成灾。你再把握不住自己了,恨不得掏心掏肺,感觉就算临死也无法割舍了。

可回头望,却发现原来他们压根儿就没当回事。你将他当作全世界，不见得他也将全世界当作你。

《东邪西毒》中慕容燕曾说："如果有一天我忍不住问你，你最喜欢的人是谁，请你一定要骗我，无论你心里有多么不情愿，也请你一定要说，你最喜欢的人是我。"

悲恋之情常见，伤感的是电影，悲成惊心动魄的美感，但是人生却由不得我们不现实。

电影中，我们可以奢侈地浪费岁月，醉生梦死，仗剑走天涯。可梦醒后，别说是剑，给根扁担都挑不动的小身板，不敢蚍蜉撼树，无力挑战滚滚红尘。

我那相处一年半的邻居，就是个典型的小女生。

邻家有女初长成，一家有女百家求。

这姑娘是中文系系花，笔名"维娜"，文艺情怀满满当当，看部韩剧能痛哭流涕，结束后要写篇洋洋洒洒的千字手稿纪念悲情女主角，活得像童话里的小公主。

然而，这种不养身也不养心的韩剧看多了，除了偶尔养眼，实在不利于高质量的生活。

维娜交到男朋友，冥冥之中不自觉地按照肥皂剧过活，比如三角恋神马的，一定要苦苦哀求；再比如遭受婆家欺负，更要低眉顺眼、只卑不亢，以示自己是手无缚鸡之力、孑然孤苦伶仃的现代林黛玉。

男朋友下通牒："分手吧，我跟小谁在一块儿了！"

维娜简直一愣二哭三啼啼,终于有机会出演偶像剧,不演得淋漓尽致不痛快。要说难过,真没多少悲情,但是情感匮乏的心总得找些空心洋葱来刺激刺激。

她不爱,却喜欢挽留,结果被男朋友甩一张冷脸,成天顾影自怜,忧伤得就差天空的蓝是她的惆怅,大地的绿是她吐露的悲伤。

要是换作我,早让他跟那小谁滚远点,越远越好,眼不见心不烦,这种渣男留着干吗? 能吃能喝还是能帮忙爬格子?

三毛也说:"如果你给我的,和你给别人的是一样的,那我就不要了。"这种自信,恰恰是当代年轻女性最为缺乏的精神。何况是出轨?

精神来往都断绝了,还指望得到什么尊重?

渣男再回头,不过是怜悯你;渣男不回头,糟蹋是自找的。咱们姑娘是欠他的还是差在哪儿了? 凭什么咱们要自甘堕落,麻木卑贱?

别跟我提"温柔似水""文弱书生"。姑娘们,温柔什么啊! 你要活得腰杆笔直,能扛把枪给那些个渣荏子"突突"几个枪子儿,畅快解恨。

《孔雀东南飞》的女主角,你这辈子也别演。咱们安安稳稳就成,不指望重现六月窦娥冤来名垂千古,更别想哭倒长城撼天动地。

你撑死，只能演出哭天喊地的懦弱无能形象，终究是个小女人，并不惹人怜爱，也没啥可感动的。说白了，就是蠢。

不折不扣的蠢，"双十一"都不打折的那种。

3

我见过白头偕老，也见过恩断义绝；见过磕磕绊绊地在一起，也见过不含笑泪的好聚好散。

各种爱情，皆是寻常。

为了给广大姑娘寻找到底什么才是真爱的例证，本宝宝特意去造访过十几对白头偕老的夫妻，其中有如西天取经，不服不行。

柴米油盐酱醋茶，一日日的油烟扑面，头发油腻腻地粘黏，偶尔争吵打闹，啥奇葩都有。摔电视机的、离家出走的、差点儿就离婚的、生育问题……总之仍旧不离不弃。谈及相爱之久时，每对夫妻都笑嘻嘻地，还有人脸红。

他们有个共同特点——待人温柔如己，互相尊重与爱戴，心灵沟通顺畅，不梗阻，灵魂与灵魂之中有一座虹桥。

这样的生活，乃是"赌书消得泼茶香，当时只道是寻常"。

灵魂的契合度非常重要。每个螺丝有配对的螺母，每个齿轮有各自的齿缝，越契合的灵魂越不会发生矛盾，就如青山长河的坚韧与柔和，而虎狼兔羊绝不能共生。

爱情是一场马拉松，要坚持不懈地走下去，真不容易。

像菟丝,像维娜,那些施舍来的感情,是烟火,爆炸后一瞬绚烂,芒硝味刺鼻,没实现夜如白昼,连结婚都支撑不到。男人们只要找到更好的下家,你就成了被跌碎的劣质瓷盘,随手一丢,看都懒得看一眼。

等到那时候,你就完了。

爱不是施舍,是尊重与往来。大多时候,无论我们如何藏着掖着,都躲不开情侣们秀恩爱,仿佛光芒万丈,闪瞎眼。

羡慕忌妒恨吧,然后日复一日地愁嫁。没错,二十岁就开始担心遇不到好男人,这种姑娘其实很多。愁嫁!

姑娘,你真不用愁,再丑都嫁得出去,除非你邋邋懒惰不检点,再加上丑。

最后,提醒每位可爱的姑娘,咱们用不着热脸贴冷屁股。非要将自己摆在卑微境地,你不卑贱谁卑贱? 女人需要高贵与优雅的气度,倘若有,就显露出来;倘若没有,装也得给我装出来。你优秀不优秀,自己说了算!

文章看到这里,如果你还在死乞白赖地求前男友复合,建议你去看看韩剧以毒攻毒,被蠢哭的女主角气急,说不定榆木脑袋就开窍了。

遇见你,是我命定无法逃脱的劫

玛瑙石

　　旅行不仅可以增长人的见识,你还能在旅行的路途中发现美好的人与事,或许邂逅爱情会是旅行中最美、最浪漫的事情。好友拉拉在一场旅行中就有幸遇见了属于她的美好的事与人。拉拉是我的大学好友,她的性格特立独行,弹得一手好吉他,也是当时名震校园的文艺女吉他手。

　　毕业那年, 我们每个人都在努力地找着一份能养活自己的工作,可拉拉却不同,她背起了旅行包,背上心爱的吉他,开始了一场说走就走的旅行。

　　每当从繁杂的学习中闲下来时,我们最喜欢躺在足球场上,诉说着属于各自的梦想。那时的拉拉梦想非常特别,她说,她想做一名文艺女歌手,带着她心爱的吉他,去那些曾经想去而又没去的地方,去看大海,去看雪山,去看河流小溪,走南闯北,看尽这世间所有的美好,用音乐将那些美好的事与人一一记录下来。那时的我们很青涩,但却知道自己向往什么,知道自己需要什么。

　　拉拉说她的脑海里,会时常浮现小学语文课本中的《桂林山水甲天下》的文章。我问她为什么选择去那里,而不是去看雪山与大海。她告诉我,那是她小时魂牵梦绕想要去的地方。我虽去过桂林,并没有发现那里太多可以让人留念的魅力,但却不能没了拉拉的兴致。除了支持,便是祝她好运!

以我对拉拉的了解,估摸着不出三天,拉拉肯定会换地盘,去另一个她想去的地方。可后来拉拉却没有回来,而是给我发了一条短信,字面的意思就是告诉我,她暂时不会离开桂林,她爱上了那个山水甲天下的桂林了。她说在那里,遇到了生命中的美好。我很疑惑。在一个闲暇的周末,远在桂林的拉拉给我打了电话,把她的际遇说与我听。我在为她的坚强与勇敢点赞后,更多的是支持她所做的这一切决定。

拉拉初到桂林的第一天,上演了真人版的"桂囧"。一下火车,才发现自己的身份证与钱包被小偷偷走了。她除了在心里把那杀千刀的小偷骂个千万遍,也别无他法,事情毕竟已经发生。在桂林的第一晚是在当地的火车站度过的。我无法想象一个女孩子,独自在火车站是如何熬过黑夜,等待天明的。拉拉第二日饥饿难耐,为了喂饱肚子,拉拉自告奋勇地来到了早点摊,以帮老板卖早餐换来了早上的一个包子、一杯豆浆。她说她第一次感觉能靠自己的能力挣到一顿口粮是件多么幸福的事情。

或许人在走投无路时,下一站会是柳暗花明又一村。早点摊的老板得知了拉拉的遭遇后,告诉拉拉,前方不远的酒吧街,有一家叫"只等你来"的清吧正在招驻唱歌手。拉拉按老板给的地址,踏上了解决生存之路。或许因为比较早的原因,清吧的门是半掩着的,拉拉并未多想,径直走进了清吧,喊叫了一会儿,才看到从清吧的后台走出了一个个子高挑,虽谈不上帅气,但也算长得还尽如人意的年轻小伙子,看着背着旅行包,扛着吉他的拉拉,温文尔雅地笑着。拉拉告诉我,那是他们第一次相遇,她找到了他,他收留了她,她知道他有一个好听的像外国人的名字,叫杰森。拉拉说,为了不让别人认为她没实力,她那天应聘弹唱的第一首歌是侃侃的《滴答》,那时的杰森听得特别入迷,以至于拉拉唱完了,杰森还没有反应过来,后来是拉拉主动把杰森拉回了现实。

拉拉说,那时是她第一次感觉,在陌生人的眼中,原来她弹唱的音乐也可以让人如此入迷。慢慢地拉拉除了在清吧驻唱,其他的时间就会到桂林的美景区逛逛,有的时候灵感一来,便会在随身携带的小笔记本上记录下来,以至于后来,她在清吧写下了很多的歌,后来的后来,每来过这里的客人都会给拉拉加封一个"歌后"的称号。

拉拉的表现与为人,年轻的老板杰森看在眼里,就这样二人一来二去的,渐渐地熟络了起来。后来拉拉发现原来自己的老板也喜欢音乐,弹得一手好吉他,是一个懂音乐的人。在日常接触中,拉拉发现,老板杰森待人处事都特别好,也很关心自己,拉拉突然感觉自己好像喜欢上了老板。

老板杰森的一切举动,清吧其他的服务生都看在眼里,每次拿着拉拉开玩笑。

天暗下来的时候,正是清吧生意开始的时候,每每这个时候,拉拉都会一个人提前坐在驻唱区调试着吉他,同事无聊的时候,总会说拉拉的歌唱得好听,拉拉告诉我说,那时清吧所有人都觉得杰森与她很般配。

从未谈过恋爱的拉拉每每听到这样的话题,都会不好意思的红了脸。拉拉说,那时的她不懂什么是爱,什么是情,只知道那种感觉想让人慢慢靠近。拉拉喜欢跟同事们在 T 台玩乐,有一次差点从 T 台上摔下来,还是杰森及时拉住了她。那次杰森突然对她说了一句话,虽短,但却可以让拉拉幸福回味一生。杰森说:"我能保护你一时,却保护不了你一辈子。"

拉拉说,那时的她,懵懵地以为那是爱情在开花。拉拉开始习惯性地每天看到杰森,习惯了杰森对她的问候,渐渐鼓励自己,要挑一个合适的时间找杰森表白。

那年的情人节晚上,拉拉做好了一切准备,想好了表白的台词,正想着等时机成熟,她一定要向杰森表明心意。突然半路杀出了个程咬金。杰森走进清吧,她脸上笑开了花,正叫出杰字时,却发现杰森的身后还有一个眉目清秀、长发披肩的女神级别的女孩正拉着他的手。

拉拉整个人像是抽空了一般,站在原地,大脑一片空白。拉拉不敢相信眼前的一切,不停地安慰自己,那一切都不是真的。可杰森却拉着女孩,走上清吧的 T 台向所有的客人宣布,那是他的女朋友。拉拉的眼泪再也忍不住流了下来。她冲入了清吧的洗手间。一顿狂哭后,拉拉收拾了心情,重新坐回了驻唱区域,弹了首《有一种爱叫作放手》。歌声一停,拉拉连头都未回地离开了清吧,因为拉拉此时强作坚强,她怕自己停下来会让自己在杰森面前痛哭,任由泪水模糊双眼,就如同模糊了他们的爱情一般。

杰森本想上前去拉住拉拉,却被女孩儿拉住了。

杰森没能留住拉拉,而拉拉就这样伤心地离开了。

那晚拉拉给我打电话,哭着诉说着她与杰森的一切。她淡淡地说道:"或许,遇见他,就是我命定里无法逃脱的劫。"

自从那事后,拉拉再也没有去过"只等你来"清吧,但她却又不舍得离开这座城市,最后应聘到了另一家清吧驻唱。

一日,拉拉背着吉他漫无目的地走着,一不小心,就走到了"只等你来"清吧。看到清吧正在封店,拉拉激动地上前寻问,才从同事的口中得知,其实那晚上那个女孩不是杰森的女朋友,是杰森请来演戏的,因为那时杰森已经查出自己患有脑癌。

拉拉无法接受事实,跑到了杰森住的医院,因为杰森住在重症室,不能进去,拉拉只能与杰森隔着一层透明玻璃相望。拉拉泪流满面,心有不甘,看着躺在床上的杰森,两人的眼神彼此相望,充满了不舍与深情。

拉拉看着脸上没有一丝血色,苍白如同白纸,帅气的黑色发也变成了光头强的造型,她的眼中充满了心疼。

杰森的母亲认出了拉拉,将一封信交给了拉拉。拉拉迅速地打开,看完后,蹲在病房外痛哭不已。

杰森说道:"一切都是上天的安排,只等你来,我等到了你,可我的生命却不允许我再继续等下去。拉拉对不起,以后的日子我不能陪你走下去,此生能遇到你,是我一生最幸福的事情。这辈子,我们相爱过,我已经知足了,以后的以后,自己照顾好自己,我不能再陪你一起浪迹天涯,共唱一首歌,共赏一座城了,希望未来的那个他,能帮我实现你的所有一切愿望!爱你的杰森。"

拉拉泣不成声,哽咽道:"原本以为我能猜中故事的开头,却没猜中故事的结尾!"

最后，我们都成了生活的伪装者

那澜

人生到底是一种坚守，还是一种妥协？如果我们生来就是为了把自己磨合成别人想要的样子来适应生活，那我们自己呢？又将何去何从？

《三打白骨精》里小和尚说："念念相续，苦痛里都是执着。"可倘若不苦不执着，你是否真的甘心：放弃梦想，放弃追求，堂而皇之地自我安慰着以那"伪装者"的身份戴上一副又一副面具，日复一日地苟且。

卓安雪骨折了，就在上个月。她喝多了。一个人翻墙撬锁跑回剧团跳舞，一个跨步，从一米多高的台子上跌下来。看门的大爷发现她，给我打电话的时候，已经是凌晨四点。她一个人安安静静地躺在水泥地上，腿边都是血。我看着她，声音都打战，挓挲着两手不知道该碰她哪，我说："阿卓，疼不？疼不疼？"她表情很冷漠，说："你摔一个试试。"

我忽然就火了，嗷一嗓子吓得看门大爷差点坐下。我说："卓安雪！你多大了！你安分点行不行啊！行不行！你老老实实地当你的职员行不行啊！你让我省点心行不行啊！"

她说："行啊，我就是想跳舞。"

我看着她,忽然就哭了。

卓安雪是我们院里最桀骜的女孩儿,从小到大,目高于顶,回回出现在小伙伴儿中,都是趾高气扬,鹤立鸡群。乃至我们曾一度恶毒地怀疑:这要哪天下雨,赶巧卓安雪不拿雨伞,雨水会不会把她呛死?

卓安雪家境不好,幼年失恃,父亲新娶,继母也想对她亲厚,她却半点不肯给人机会,一贯冷着脸。等着幼弟呱呱坠地,她"好似成了客人",越发待人刻薄。

可这些从不影响"老竹竿儿"喜欢她。老竹竿儿是歌舞剧团高薪聘请的专业教员。她不漂亮,瘦而清隽,挺拔高傲,每逢上课,必定拎着个油光锃亮的老竹竿儿随时抽人,故此得名。

老竹竿儿喜欢卓安雪,一看见她就两眼放光,"就跟看见自个儿小时候一样"。她说,卓安雪是唯一有资格继承她衣钵的人,是能跳进"xx中国"总决赛的,至于其他人,那就是给卓安雪提鞋的,都是些柴火妞。

呵呵哒。我才不服。

老竹竿儿看了我一眼,说:"你还好,能替安雪拿个褂子。"

众人哄堂大笑。我内心里一万匹萌宠马奔腾而过,尘埃漫天,只差没把她俩埋葬在漫漫黄沙里。

老卓不喜欢老竹竿儿,每每见了她都跟见了仇人一样。他不让卓安雪跳舞,但是卓安雪愿意学,老竹竿儿愿意教,天塌下来都挡不了。

卓安雪十八岁那年，老竹竿儿执意要带她去参加"xx中国"的海选。老卓不同意，他指着老竹竿儿的鼻子大骂："戏子，你就是个戏子！"

老竹竿儿一贯的优雅怦然落地，几乎要跟卓父打起来，到最后，她声泪俱下，说安雪真的有天分，又肯用功，又肯吃苦，孩子为了艺术努力了这么多年，你知道她付出了多少辛苦？你不能因为你不喜欢就毁了孩子一生啊！

老卓说，咱俩到底是谁毁了孩子一生啊？狗屁艺术！你看看，你看看，跳舞跳舞，跳得人不人鬼不鬼。学个破艺术，将来出来能干啥？能养活她自己吗？能养活我吗？她今天要敢出这个门，以后就再也甭回来！

老竹竿儿诅咒发誓："她要是拿不了奖，我提头来见！这辈子我都不跳舞了，行不？算我求你了，这是我跟孩子的梦，我们俩的梦，就拼这一回，行吗？"

老卓气得老脸煞白，冲着卓安雪的背影大骂："你这个逆子！我这辈子白养你了！"卓安雪小脸儿上全是泪，可她还是跟着老竹竿儿走了。她说："爸，你原谅我吧，我就是想跳舞。"

可卓安雪说这话的时候，老卓已经听不见了。

老竹竿儿说："你们等着吧，卓安雪一定能进全国总决赛。"

可我们谁都没在总决赛上看到卓安雪，复赛没有，初赛也没有。

比赛还没开始,卓安雪就回来了。她给我打电话的时候,我正躲空调房里吃黑森林。卓安雪说"老卓没了",我甚至没反应过来什么叫"没了",但是她说,"阿澜,你猜我在哪?"

她说:"阿澜,他们把老卓装在袋子里,塞进小冰箱了,在太平间里,真冷啊。"

从那以后,我再也没吃过黑森林。太苦。

老卓是突发脑溢血死的。他在工地上连续加班加了四天,他说:"我得防着那老巫婆,我得挣钱,得为俺闺女绸缪着未来——俺闺女得高考,得上大学,去他娘的艺术。"

老卓的葬礼上,卓家的亲戚从东北赶来,将老竹竿儿摁着打了个八开。老竹竿不还手,也不哭,就直愣愣地看着卓安雪。她说:"安雪,你恨我吗?你恨我吗?"

卓安雪愣在那里,她说:"师傅,这么多年您教我、爱我,是为了我,还是为了舞蹈?"

老竹竿儿看着她,忽然号啕大哭。

我们知道,老竹竿儿只是太执着,心里存着一个梦,拼了命地不择手段。

老竹竿儿走了。

再也没人逼着卓安雪跳舞。

卓安雪打电话给我时,我正蹲办公室里赶稿子赶得头晕眼花。她说："你丫还有点数没？今儿几号了？"我拎着手机一脸茫然，什么？她在电话那头咬牙切齿："复查！老娘的腿！今儿复查！"

我愣了一下，秒秒钟扔了手头工作开车往她家赶。那会儿天下着雨，雨点子噼里啪啦地往车上砸。等着我一路从停车场跑到她家，已经淋得跟落汤鸡似的，进门先骂："你丫的，下着个雨，就知道……"

我话没说完，卓安雪慢腾腾地从屋里挪出来，她漫不经心地笑着，懒洋洋靠在门框上眯眼看我。她没化妆，素着脸，细长眉眼仍旧是慵懒妖娆的模样，就是瘦。整个人迅速消瘦成一截轻细的文竹，跟当年的老竹竿儿一个样。

"卓安雪，你……"

没等我说话，她眯着眼似笑非笑："来，小澜子，扶朕一把。"我张嘴结舌说不出话来，只得遵旨，然后奋不顾身风雨兼程地跟着主子跑腿。复查完临走的时候，她忽然把我支走，直勾勾地看那值班医生："你说，我还能跳舞吗？"

回程的时候，卓安雪忽然说："当年老竹竿儿就是摔断了腿。"

我愣了半天，不知道还能说啥。

生活以一万种姿态愚弄世人，狗血不断，层出不穷。

当年那些因为老卓意外身亡齐聚小城的"亲戚"迅速地潮水般消失了。父亲不见了，师傅也不见了，只剩下一个年纪不大的卓安雪,可生活还是要继续。那年高考,她勉强读了个经济管理的专科。继母没钱供她学艺术,更何况"就算老卓活着也指定不愿意啊"。卓安雪就这样被安置了。

等到她毕业,弟弟长大了,房子变小了,小得容不下一个卓安雪。卓安雪已经没时间去跳舞了,她要打工,要养活她自己。她做过影楼模特、酒店迎宾,发过传单,摆过地摊儿,站过柜台,跑过保险,卖过啤酒,最后进了一家小公司,朝九晚五谋生活。她爱过一个很好的青年,青年说,我们结婚,生一群小孩子。她不同意。

然后仍旧一无所有,孑然一身。

一直到老竹竿儿来找她。老竹竿儿说她现在在某市的某剧团做编舞,他们最近排了一个新的歌舞剧,有个角色特别适合卓安雪。她问:你来吗? 那殷切的眼神,跟从前一个样。

可就在那个晚上,卓安雪被客户灌醉了,摔断了腿。

卓安雪的主治大夫给我打电话,气急败坏,声嘶力竭。他说:"你跟卓安雪说,她要再穷折腾,别说跳舞,她那条腿就别想站起来了!"

我一路飙去卓安雪家,就看见她正扛着她那刚拆石膏的腿压腿。她看见我,满脸豆大的汗水,小脸煞白,她说:"真特么疼啊,老娘的小腿都肌肉萎缩了,擦。"

我暴跳如雷,我说卓安雪,咱能现实点吗? 人一辈子谁能光为了一个梦活? 咱能踏实点吗? 咱走到今天这一步还有啥可以继续再失去的? 为啥咱就不能低低头! 为啥咱就不能过过日子! 老娘蹲个办公室朝九晚五不也照样活得挺滋润的!

卓安雪看着我,视线冷静得瘆人。她说:"你再也不想跳舞了吗,阿澜? 你拍胸脯子问问你自己,你是再也不想跳舞了吗? 你也曾攒着劲儿地跟我拼基本功,被老竹竿儿抽得腿上一溜溜的青印子接着红印子,压腿疼得一身汗,咬着牙不吭声,藏窗帘子后头躲着哭。你也曾指着电视机里那些狗屁大赛跟我吐槽,口口声声说:'还不如我跳得好!'你问问你自己,你真的不想跳舞了吗? "

我愣在那里,我说,卓安雪,这世界上不如意的事儿太多了,不可能事事都让我们顺心。有些东西,适可而止,至少咱得给自己留条后路,不至于被生活活活逼死。卓安雪,"总有人在过着你想要的人生",可以了。

卓安雪哈哈大笑,笑得眼泪横流。她说:"对,你说得对。可别人过着我想要的人生跟我有屁关系! 有本事就特么自己过! 没本事就特么看也别看! 一面抬头仰望别人的诗与远方,一面低头戴着面具自我苟且! 你做得到,我做不到! "

我愣在那里,被她噎得张口结舌,一个字都说不出来。

这世界多精彩啊,大都市喧嚣热闹的酒吧,小乡村寂静萧索的蜗居,文艺女汉子的拉漂,一个人的亚城稻丁。艳遇要谈大理风情,油菜花必然是江西婺源,跳伞要去斯里兰卡,度假要到马尔代夫……似乎一旦不是这样,旅游就不是旅行,人生就不是人生了。可这些东西,与我们有什么相干? 我们不过还朝九晚五地在人群中拥挤着做一个沙丁罐头,不过还麻木地闷一口老酒感叹着"总有人在过着我想要的人生"。

那我们的人生呢? 你要把它安放在哪里?

老竹竿儿执着,卓安雪也执着。

《三打白骨精》里那个小和尚说:"念念相续,苦痛里都是执着。"

可倘若不苦不执着,我们要把自己放在哪里呢? 梦想太美好,我们放不下。现实太沉重,我们拿不起。可人生一世,总得有什么值得我们去追求、去坚持的。别人的诗与远方,究竟要如何安放我们的未来?

一念地狱、一念天堂。当我们放弃梦想,接近现实,在生活中碰撞得头破血流,磨合得痛不欲生,并最终学会用一幅又一幅面具,掩藏最真实的内心,扮演一个又一个角色,好儿女、好员工、好爱人、好父母……可有朝一日,真摘下这些面具,剩余那个血肉淋漓的"自己",你要如何面对?

你可还记得,她是谁?

原来,人生在世,最可悲莫过于此:最后,我们都成了生活的伪装者,戴上面具,日复一日苟且。

老竹竿儿走了,带着卓安雪走了,去了 B 城。

那高铁的快车载着她,呼啸奔驰,一路去那个"心有多大,舞台就有多大"的远方。

前程未卜、风雨兼程,却始终甘之如饴、死而后已。

有些没有说再见的人,真的就一辈子没再见过了

玉月瑶

那场夜雨,交织着烦乱的思绪,缠绕成一个结,一头是你,一头是我。

问这世间,心与心的距离到底有多远? 为何总是看不到彼此的位置? 没人可以给我们一个确切的答案。风云变幻,或许我们还没来得及转身,一念之间就已是天涯。

而对于白薇而言,五秒钟的转身,就是天涯。

远处,摆出 V 字手势,像只快乐小虾米的安歌,早已如细风,着落在那场夜雨里。来不及说的再见,终成了彼此心中最美的姿态。

1

漫天飞,灰雨落在白衬衫上,干透后就是一朵朵浅浅的茉莉。

那日夜晚,安歌开着车,第一次遇见了白薇。她是街角一个暗红色的影子,此时正扶着墙壁,在那里呕吐。

雨很大,白薇走在路边的身影很狼狈,身上的衣服已完全浸湿,贴出了性感的线条。

今天,安歌生意淡薄,几次兜转又回到了那条街道。路边的

商店正在营业,他下车去买包烟,又遇见了白薇。她好像一直在商店躲雨,吃空了一桶泡面,此时正坐在那抽烟。头发像雨后的杂草,一脸的落魄。

将目光停留在那丛杂草下,安歌笑笑,算是打招呼。白薇也注意到了,安静地看了看他,嘴角露出礼貌的微笑。此时,她低头整理好眼前的面桶,手指有片刻间的停顿。不去看安歌,嘴角的笑容很慢才消去,有一只梨涡,不算漂亮但看上去清秀。

白薇将面桶放进了垃圾桶,就和安歌并排站在窗前吸烟,潮湿的夜,有些清冷。

"不该这样的!"

"为了生存!"

"我也正努力将生存变成生活。"

此刻,剩下的只是细雨中的沉默,烟雾缭绕,看不清谁的脸。

雨停了,白薇推门离开。临走时说了一句,"不会一直这样的"。

这世界,对彼此来说,我们都曾是闯入者,也都曾被打乱过生活。安歌承认,她的笑容是那般的楚楚动人,如一滴泪,温柔于心。

在白薇离开的方向,他目送了很远。

苏芩说得没错,人生都是因为这些意外而跌宕着惊喜。那些曾令你措手不及的不速之客,其实是上天派来的使者。如果不曾闯入,那么若干年后,我还是我,你还是你,但人生绝不会是现在的人生。而对于安歌而言,这只是一场夜雨偶遇。潮湿,但很精致。

2

安歌在读复旦大学,一所很好的学府,专攻计算机,学习很好,一直是父辈眼里"别人家的孩子"。每天学习,喜欢足球。奇怪的是,他一直都没有交女朋友,说没有那个必要,他一直以为这样的生活简单、纯粹,跟他很适配。

可忽然有一天,下课后,黄昏正浓,他竟决定再也不回到那个高高的门庭里了。为此,安歌的父母大发雷霆,甚至动粗,但都没用。父亲动怒说与他断绝父子关系,他也不反驳,竟偷偷地用学费、零花钱,还有父亲曾给他的一张信用卡,透支合在一起买了一辆车。他很喜欢车,喜欢开车时那奔腾的自由。

白天闭门不出,晚上出来工作,正经的黑车,他要靠那些车费生活。

我曾听到过这样的一个比喻,说人像一根管子,快乐,悲伤,从它里面流过,有些人管壁厚,快乐与悲伤于是来得慢,去得也慢。有些人管壁薄,充满弹性,那是健康和有生机的人。管壁阻滞或管子破裂,种种情感郁结于此,这样的人被叫作神经病。

神经病!面对父亲一脸的质问,安歌安静的双眸间,透露着一股倔强。

"我没有病!"

"可你凭什么这样?"

安歌没有回答,因为他也不知道答案。在现实生活里,他的确是在逃避上帝所让他扮演的角色,或儿子,或男人。在众人的眼里,他成了懦夫。但每个人都只有一生,太过短暂,他想纯粹地活一把。

"不凭什么!"

话音刚落,一记耳光甩在脸上,清脆得让人心怯。

我们熟悉的奥地利大物理学家玻尔兹曼,也是其中一个。况且,世间人群熙攘,管子破裂的又何止他们两个,太多,说白了,他们大都是因为厌世,看不到生的意义。

而白薇则恰好相反,是个非常入世的人。有责任感,勇于担当,一直是一个很懂事的孩子。

她家境贫穷,有年老的双亲需要人照顾,所以她想赶快念完书,出来工作。可在大学最后一学期,父亲遭遇了一场车祸,将最后一笔学费浸湿在一片鲜血里。如果筹不到钱就要退学,她爱学习,不想放弃,所以白薇选择了夜店卖酒。

对我们而言,人生处处是经历。其实,经历就是一种岁月的供养、沉淀和积累。难免会有闹心的时候,但又能怎样?你又能怎样?第二天太阳依然会升起,你还是你,而你只是欠生活一个生的理由。

其实,像白薇一般,每个人的生活都有残缺,或事业不顺,或婚姻不爱。但我们都渴望完美,所以谁都不愿意委屈地活着。可那些天天想要改变的现实,有可能早已注定是我们能力之外的。

怎么办?

但我们不能因此而误解生活的善意,如果心存纠结,那就换个方式去与世界相处,静等自己长大。解开那些解不开的疙瘩,慢慢地学会将脚下的路,走成花开的模样。

3

为了生存,安歌与几个朋友合租在北京的一间四合院里。因为房租便宜,没有供暖设施,冬天需要生炉子取暖。

那日,睡着以后,渐渐觉得呼吸困难,在床上挣扎,但叫不出声。脑海里,好似有人推开门进来,带进屋外清凉的空气。不是房东,是白薇。她挥舞着双臂,嘴巴快速地一张一合,使劲地想将他从床上拉起来。可身体好重,她拉不动,他起不来,拉扯,就在那一刻,他惊醒了。

醒来,浑身湿透,傻坐在那。

透过玻璃窗上的霜花,院内高大挺拔的香樟树,翠绿的叶子,那是一种生命绿,正招摇着这个世界的颜色。

咧嘴,看不见笑容。梦里白薇的手,柔滑得像那八月入口的柿子。

好想再见一次,可再也没有见到她。那年整个冬天,他一直在寻找,夏天来了,她还是没有出现。但他坚信,白薇定在人生的哪一处,等着他的再见。

那一处的白薇,早已攒够了学费,完成学业。安定的工作,给了她和母亲一个幸福的家,但一直没有结婚。或许她也曾试想过找一个伴侣,但她知道所谓的伴侣不只是取暖的毛毯这么简单的事。既然不能好好地爱别人,那就更好地爱自己。

爱过谁呢?

年轻时,曾一度迷恋过包青天里憨憨的周杰,后来是黄晓明版的杨过。她还爱过谁? 似乎有一个。

那日阳光分外好,明晰透亮。远远地,安歌正与他的朋友一起拍照,白薇一眼就看见了他。远远地端详着,然后,抬眼看着天空,想了几句开场白,就五秒钟,再转过头,他已离去。

夜雨中开着一辆旧车,开得飞快,忽地停在她的身边,给了她一个意外而又美丽的夜晚。那个人有双漂亮的手,那样的手细腻,温柔得可以直接通往人的心房。

4

又一次见到安歌,是在江南的乌镇。

漫步深巷,风沾着湿气,温润着匆忙的行人。头顶,阳光慵懒,心也在那一刻安静了下来。说话轻了,脚步也轻了,生怕惊扰了幽巷深处的旧梦。

第七天,嫩绿春阳里,她与他再度相遇。

那日阳光分外好,明晰透亮。远远地,安歌正与他的朋友一起拍照,白薇一眼就看见了他。远远地端详着,然后,抬眼看着天空,想了几句开场白,就五秒钟,再转过头,他已离去。

五秒钟的犹豫,换来一个来不及说再见的转身。

这一刻,相遇只是为了说一声再见,再次相见。很可惜,那天安歌走早了五秒钟。

此时的安歌,不再是从前那个忧郁的年轻人。这个世界终究改变了他,变成了我们心目中想要的模样。

从没有责任感到有担当,我们困惑,到底是什么改变了他? 可对于他而言,印象深刻的想是莫过于白薇的那句话吧。铁锤无法敲破的头盖骨,几株黄豆芽却可以顶破,这就是柔和刚的较量。

"不会一直这样的!"

就这一句话,让他的世界有了质的改变,也就是她的那双手敲醒了那混沌的大脑。他彻底臣服的那一刻,也已不小心将心遗落。而他的出现又让白薇初尝了爱的味道,蓄意缠绵。

可思念也罢,后悔也罢,一句来不及说出口的再见,终让一切定格在了那美丽的乌镇,等寻着彼此下一次的擦肩。

5

时光逐渐老去,那么记忆可否风干?

那场夜雨,交织着烦乱的思绪,缠绕成一个结,一头是你,一头是我。

这一刻,雨点啪啪地敲打着玻璃窗,滴滴滑落都是泪流的痕迹。很想推开窗户奔赴雨中,去看看墙角的那一抹嫣红,却物是人非,空唱后庭花。

原来人生就是一场擦肩而过的旅行,擦肩是为了能再见,再次相见。可一次次相遇、离开,一次次得到、失去,匆忙得竟来不及说一句再见。

第五章

记得与忘记被叫作人生

或许我们每个人都深深爱过、疼过、伤心过,恋爱中没有谁对谁错,不爱就是不爱了,不需要任何理由;离开了就是离开了,不需要任何借口。原本就是一个"打马走过荒原不是归人而是过客"的错误,我们没必要那么执迷不悟。爱一个人很难,被一个人爱也很难,如若两颗心用尽全力也未能走到一起,那就默默地承受该有的结果,试着努力忘却,最后完全忘却直到彼此坦然。

即使已经分手,也要心存美好

安如墨

或许我们每个人都深深爱过、疼过、伤心过,恋爱中没有谁对谁错,不爱就是不爱了,不需要任何理由;离开了就是离开了,不需要任何借口。原本就是一个"打马走过荒原不是归人而是过客"的错误,我们没必要那么执迷不悟。爱一个人很难,被一个人爱也很难,如若两颗心用尽全力也未能走到一起,那就默默地承受该有的结果,试着努力忘却,最后完全忘却直到彼此坦然。

青春的底蕴就是孤独的,我们都曾为青春和爱情痛苦过,都会有一段恋恋不忘的爱情。有的人依然爱着前任,有的人恨前任,但有的人会存着那份美好,随它地久天长。

很多人都觉得前任是道不能揭开的伤疤,他们不愿提起,只能永远尘封在记忆里。

有许多人喜欢教我们该如何去经营一段感情,教我们如何恰当地获得一份幸福。可没有谁教我们如何去淡忘一份情,怀念一份美好。

冬儿是我的闺中密友,如今已经过上了很幸福的生活,只是不久的曾经,她也有过举着酒杯,踩着高跟鞋,喝得酩酊大醉的时候。

冬儿三年前有过一场轰轰烈烈的恋爱,那时的冬儿正值青春年华,在那个时期,她遇到了她这一生都无法忘记的一个人——乔正。

乔正是冬儿的初恋,从二十岁到二十三岁。他陪伴冬儿从瘦弱青苗长成参天大树,他见过冬儿最美好的少女时期,也见过她最肥胖、最糟糕的样子。

两人的开始虽然我不在场,可也听冬儿说起过,有些戏剧化,和乔正在一起,更是因为一句赌约。

那是在大二时,冬儿参加了一次公开课,除了本班同学参加外,其他人员也可以参加。

冬儿发现坐在旁边的男同学长得还不错,他又偷偷瞄过她几次。后来每次公开课他都会从前面绕到后面来,坐在冬儿旁边,那人便是乔正。

冬儿对旁边的女同学说:"这男生是不是对我有意思啊?"

女同学看了下乔正,傲娇地说:"你可别那么孔雀哈,或许人家是对我有意思呢?"

"那打个赌吧,咱俩不同时间向他借一样东西,他将东西借给谁,谁就去追他,怎么样?"

最后,乔正将东西借给了冬儿,冬儿也主动追起了乔正。都说女追男隔层纱，这话倒不假，冬儿毫不费劲地将乔正追到了手，并谈起了像模像样的恋爱。

人家的男朋友来女生宿舍不是捧着鲜花就是拎着水果，可乔正从来都是什么都不带，甚至电话都懒得打，直接在楼下大喊："冬儿，下来，请你吃饭。"

对于这点，冬儿从不计较，相反，她觉得这样才不做作，挺好。

那时的他们，只是简单的相爱，没有想过未来会怎样，只是傻傻地说他们要永远在一起，用最温柔的方式爱眼前的人。

当然，冬儿也有矫情的时候。比如，两人小吵过后，不接电话，跑去学校不远的风景区傻坐着。冬儿自己也知道是她的蛮不讲理，可女生的天性，她就是要无理取闹，就是要乔正亲自去哄她。

事实也如她所料，乔正亲自去找了她，也亲口道了歉，还带着她吃尽了人间美味，然后两人和好如初。

再美好的爱情，都经不起生活的柴米油盐，冬儿和乔正也不可避免。

毕业那年，冬儿进了一家国企，乔正进了一家私人的证券公司。同样的朝九晚五，冬儿工作闲暇，和同事扯淡八卦，下午还可以一起喝一杯下午茶。乔正工作两个月，在烈日炎炎下出去陪客户，给客户找酒店拉投资，做着一切毫无头绪烦琐至极的事。冬儿工资稳定,乔正的工资却没剩多少。

渐渐地,冬儿有些对乔正失望了,只是压在心里,没有说出口。再两个月后,乔正离了职,两人的矛盾正式爆发。

无论冬儿如何说骂,乔正都不加理睬,说他有自己的打算。

后来,乔正的确变了,每天工作变得很忙碌,原本一个月出差一次变为一个月三次到四次。

女生的第六感加上同事们的好心提醒,冬儿对他们的爱情有些动摇了,后来乔正一次出差将她送他的表遗留在了酒店里,冬儿气极之下不给乔正任何解释的机会,强行将两人的恋爱打上了一个句号。

虽然后来她从乔正同事那里得知了真实真相的确不是如她所想,但时光交错,再也无法回头了。

我问她:"你不难过吗?"

冬儿说:"难过啊,怎么会不难过,那时的我心疼得不像话,几乎每天以泪洗面。"

冬儿说那时候,她觉得全世界都对不起她。冬儿曾在喝醉时,说过这样几句话:因为自己心里割舍不下,所以哪怕知道是痛苦,她也要试着走下去。

冬儿也的确如她所说的那样做了,她坚守着那份感情很久很久,可终究还是逃不过生活。

"可是你还是挺了过来,拥有了如今的幸福。"我说。

冬儿笑了笑,开口说:"是啊,我还是挺了过来,如今的我真的不难过,不但如此,我还要感谢曾经的他,让我懂得了如何去珍惜当下的幸福。"

谁又没有谈过恋爱,谁又没有失恋过?时间回不到开始的地方,对于已经错过的,不用再试着去挽留,错过了就错过了。难忘的人,做过的梦,有过的期待,走过的路,有一些自己认为该珍惜的,现在又如何呢!收拾一下心情扔掉旧的才能有地方盛放新的感情。

曾经,青春写满我的任性与幼稚。不爱不恨,或许是最好的结果。心在变,情在变,时间抵不过我们的善变。或许有一天,我可以潇洒地毫不在乎地遗弃它,迎接下一轮幸福。

初初遇见,只是一个无意的擦肩,我便闭目闻香,一路寻你而来,看到你散落在风中的语笑嫣然,让我痴痴眷恋。那时候的我,一直都想要一份无关风月,只为你懂得的情感。前世虔诚的求佛,终于换得与你一次相逢,看到你抖落一池莲花的心事,多想把那一刻凝固成永恒,听到你一声"哥哥"的呼唤,让我沉醉至今。唯愿,若离亦不弃,不弃亦不离。

谁没有过往?一段感情的结束,是痛苦,也是新生。上天是公平的,在你度过痛苦之后,自然会得到一些额外的惊喜,因此冬儿遇到了她现在的老公,一个视她为珍宝的老公。

在冬儿的结婚典礼上,很意外,乔正也出席了。冬儿曾担心自己会不自在，但事实上，她没有，乔正也没有。两人有说有笑地说着祝福的话，看得出那是出自真心，在那一刻，我也深深明白，不是分手后，就只能做陌路人，只要心存美好，依然可以是朋友。

　　或许我们每个人都深深爱过、疼过、伤心过，恋爱中没有谁对谁错，不爱就是不爱了，不需要任何理由；离开了就是离开了，不需要任何借口。原本就是一个"打马走过荒原不是归人而是过客"的错误，我们没必要那么执迷不悟。爱一个人很难，被一个人爱也很难，如若两颗心用尽全力也未能走到一起，那就默默地承受该有的结果，试着努力忘却，最后完全忘却直到彼此坦然。

和自以为是的人说再见

安如墨

有时候我们要对自己残忍一点,不能纵容自己的伤心失望;有时候我们要对自己深爱的人残忍一点,将对他们的爱的记忆搁置。

我们年轻不懂爱情的时候,付出所有去爱,结果往往是青涩的;当我们成熟知道怎么去爱的时候,爱情却被现实所牵绊。

"择一城终老,携一人白首",多好的一句佳话。现实却残忍,有人为爱而伤,为爱而痛,为爱而伤,换来的只是理所应当。在爱情里,总会遇到那么一些渣男,那么我们便直截了当地与这样的人挥手说再见。

柳燕纷飞,19岁的鳗妮带着对爱的执着,终于如愿以偿地考上了B城的大学。

鳗妮拖着行李径直走向工程系,据可靠消息她暗恋的男生的确在工程系。可她并不知道刘阳锋是全校赫赫有名的冰山男,爱慕他的女生多不甚数,敢递上情书的却寥寥无几,以至于他至今单身。

刚开学,她隐忍着对刘阳锋的思念,四处打听他各方面消息。学习上，生活中，在确定他没有女朋友后，心中的疑惑总算找到了答案。可另一个问题摆在了眼前，很多同学、老师对他的评价虽然好，但他在大学里没有一个朋友，做什么都是脱离了集体，说好听了是高傲，成绩全校第一。

在别人眼里他是学霸怪谈，可在她的心中，刘阳锋就是一个阳光、有进取心的男生。

三年高中，他一直在默默努力，看书是他每天生活中必不可少的事情。平时与同学之间的交谈也不过是有事说事，不是他看不起同学，他只是不想把不必要的精力花费在玩耍娱乐上。可大学生活不一样，不再像高中，每天有做不完的试卷，看不完的书。

大学，更是成长的天堂，其中恋爱是必不可少的。如果你一学期不谈恋爱，别人会说你幼稚，如果一年下来，你连一个目标都没有，他们就会说你性取向有问题。

但是像刘阳锋，从他进入大学以后就不断接到女生送来的情书，对此他不闻不问，拆开信封，扫视一眼再物归原主，最后消失在女生面前，连一个字都不肯施舍给爱慕他的女生，故此"冰山男"一传十十传百，直到人人皆知。

鳗妮对这样的消息又惊又喜，她认定了她就是刘阳锋的命中注定。

她言出必行，第二天就和刘阳锋正面交锋。也不知是鳗妮能说会道，还是软磨硬泡，总之一周后鳗妮成为刘阳锋女朋友的消息传遍了学校每个角落,为此引来其他女生无数的羡慕忌妒恨。可不管别人怎么说,鳗妮她觉得自己很是幸福。

她为了自己梦寐以求的爱情,付出了很多。世上哪有女生不爱美,为了迎合刘阳锋的喜好,鳗妮不再上街买化妆品,不再出入美容院,只要刘阳锋开心,她就满足。

青涩初恋的年纪没有多少人知道什么是幸福,只知道自己心甘情愿对他好,他不拒绝就是幸福。

鳗妮不再留心自己的形象,他不让她上街买衣服,她就在网上为他精心选购。她把刘阳锋像宝贝一般捧着,百依百顺,从不背道而驰。

可是慢慢的,鳗妮觉得越来越失去自我,她的世界里除了爱他还是爱他。

直到学校举行化装舞会,舞会上女生个个打扮得性感妖娆,男生也不甘在颜值上输给女生,正值青春的年龄,在华丽服饰的衬托下,无论男生女生都是极美。

两人为此发生了争执,他不让她去,理由很简单,你必须听我的。如此轻描淡写引发了世界大战,鳗妮哭得撕心裂肺,在家她就是小公主,一直是别人顺从她,如今为了他,鳗妮充当了男主角,有人说付出会有回报,可为什么刘阳锋把鳗妮对他的好当作理所应当!

她的要求并不多,平时的衣食住行,她总按他的吩咐循规蹈矩,不曾有过一丁儿的违背。就今天,她想美一次,想让心爱的人看到自己最美的一面。

可为什么他就那样自私,不理解,爱情真的该这样?

刘阳锋的独揽大权不再是新鲜话题,鳗妮一直认为他会是自己最终归属,对他的大男子主义也完全出乎意料。

爱对了,是爱情;爱错了,是青春。

既然爱了,为什么不能相互体谅、包容? 仅仅一方的付出,不会天长地久。现在,谁都不是谁的谁,也许一个转身或许就是诀别,没有双方共同烘焙的爱情,只会淡漠。

这一晚鳗妮心里像千万只蚂蚁在啃噬,早在舞会前一周,她就已经准备好了礼服,甚至幻想在舞池里她身着洁白的礼服和刘阳锋在五彩斑斓的霓虹灯下随曲摇曳。

幻想终归是梦,梦就是奢侈品,一切都似乎背离了她的初衷。

自那之后,她开始反思、回忆,似乎有些东西已经失去原本的味道。她最爱吃的红烧肉在刘阳锋的规划里是禁止的,平时爱看的言情小说也被纳入禁区,更别说衣服上的规定,裙子不行,低胸不行,高跟鞋不行,镂空衫不行,耳环不可以……总之有了刘阳锋,她的生活里就出现了很多莫名其妙的规定,一种被束缚、被压抑的感觉渐渐吞噬着她。

时间一直让恋人在爱情里分分合合,鳗妮忍受不了相思之苦,毕竟她是真的爱他,三顾茅庐总算求得爱人归。

周末本该开心,可刘阳锋还是如同以往千篇一律的生活,吃饭看书,没有半点柔情话语,并不是鳗妮喜欢听,只是从头至今,刘阳锋从未对她说过"我爱你"。

有人说爱情不能勉强,能走到一起是天意,走不到一起是命中注定。她不知道自己一味付出还能坚持到多久,她又不得不承认人生会有遗憾,留在记忆里,任时光冲淡,任岁月留痕。

看着日益消瘦的鳗妮心疼不已,活在压抑的世界里,如同行尸走肉,闺密小 A 看不过去,假期里带着鳗妮去旅游散心。

新鲜的空气,美好的气氛,让鳗妮忘乎所以,最终也将刘阳锋抛之脑后。她只是想,让自己完全释放一次,就这一次,回去后,她依然是刘阳锋最听话的女朋友。

所谓事事总不能尽随人意,在她离开的这些天里,刘阳锋没有找过她,心如死灰的鳗妮回去后,主动找上了刘阳锋,刘阳锋没有一句关心,一句问候,有的只是冷漠和字字锥心:"顾鳗妮,你不配做我的女朋友。"

那一刻,如梦初醒,义无反顾地爱最后受伤的却是自己,她想用爱打动他,想用爱来感化他。可自始至终他的心从未想要温暖,冰雪封心,即使是铅锤也凿不开一丝缝隙。

此后,她再也无法联系上他,手机关机,微信不回,刘阳锋就像从人间蒸发了一样,没有谁知道他去了哪里。

十天后,鳗妮收到一条微信:顾鳗妮,我刘阳锋不允许在我的世界里有污垢,你我尘归尘土归土,请你离开我的人生,别再说你认识我,两条不相交的平行线不会有交点,当初让你做我的女朋友,也只是为了向世人证明我是正常的男人。

看完微信,鳗妮笑了,一种开心而又释然的笑,她删除了他的微信,删除了他所有的信息。

有人说爱情需要付出和舍得,当你想要得到一份刻骨铭心的爱情时,你就必须做好承受刻骨铭心之苦的准备,否则,就不要轻易去尝试。

爱过才知情深,醉过方知酒纯,别了,自以为是的家伙。

就如同三毛所说:有时候我们要对自己残忍一点,不能纵容自己的伤心失望;有时候我们要对自己深爱的人残忍一点,将对他们爱的记忆搁置。

有时候小心翼翼,是因为太在乎

一介

这时他的手机响起,他没有接听,而是把手机放在我面前。我仔细听铃声:"躲开你眼睛,我屏住呼吸,怕不小心泄露心机,我多想告诉全世界,你就是我埋在心底的秘密。"

看着微信群里大榆发来的微信:"奇怪,你喜欢的杧果和火龙果,为什么我那么讨厌?"我暗想:"哼,凭什么你讨厌的我就要讨厌,你喜欢的我必须要喜欢?凭什么要和你保持一致?即使我爱你。"

想了许久也不知该回什么,这时床头柜上的收音机里播放的歌曲正唱道:"我小心翼翼不敢爱你,我心底长满了荆棘,聚散离别太刺激,爱最无情,好吧是我不敢爱你……"我直接拔掉插头,不想再听,没错,我是爱你太过小心翼翼,不过是因为太在乎你,害怕一句话不对,你就离我远了一些。

1

遇见大榆的那一年,我刚来到英才小学实习。当时安排和我搭班的老教师开学不久后就遭遇一场变故:在常规体检中发现已是胃癌晚期,急需住院治疗。于是由我暂时担任班主任一职,而老教师的课由其他老师轮流着上。

英才小学是位于乡下镇上的一所小学,教学设施不太好,愿意来的年轻老师不太多,更别提男老师了。在英才小学教书的男教师,即使是在职在编,也养不活一家子。除非是光棍一条,一人吃饱全家不饿。大榆便是这样的男老师,教体育,长得人高马大,帅气冲天。

很多年轻女孩就是冲着大榆去英才小学的,不仅是冲着他逆天的帅气长相,更有传言大榆和教育局里的某位高官有亲戚关系,而把大榆放在英才小学完全是为了苦其心志,劳其筋骨,饿其体肤,空乏其身,将来好担大任。

但是我,绝对不是冲着大榆而来。

理所当然大榆在学校非常受欢迎,不仅单身女孩喜欢,连上了年纪的大妈大婶也非常喜欢他,觉得他前途不可限量。他也一再使得体育老师的位置节节高升。

而我与他虽在同一个办公室,但很少说话,说话也仅是和工作有关。别人对他献殷勤,我感到反感,使得我虽觉得他帅气,但不免庸俗,难见其可爱、男子汉一面。

一次意外事件让我改变了看法。学校并不像外界想得那么简单单纯,天真的只是孩子。而家长各色人等,着实让老师们费解。一次,我正在上课,突然一位家长闯进来要带走其中一个孩子,我从未见过她,自然不肯。她自称是孩子的妈妈,想带孩子出去买点东西。我问孩子,孩子也承认了。

放学时孩子的爷爷来学校,问我孩子呢,我说他妈妈接回去了。他突然指着我鼻子开骂:"你是怎么当老师的,怎么能让别人随便把孩子接走。我不管,反正你得还我孩子,不然我跟你没完!"接着立马打电话,不到十分钟,孩子的爸爸也赶来了,跟我讨要孩子,还出口不逊。

我脑袋一下蒙了。一个劲儿的道歉和弱弱的解释他们根本不听,其他老师也替我说话,那父子二人仍旧不肯放过我。都说家长怕老师,我是老师怕家长啊。以前在学校时就常听别人说,家长很会欺负年轻老师,尤其是上了年纪的家长。后来我才得知孩子的父母在闹离婚,正进行一场孩子争夺战。

尴尬的局面维持了约半个小时,直到大榆从人群中站出来。

2

大榆英雄救美的故事很快流传开来,我则不以为然。他做了英雄,不是为了救美。后来也听说,他和别人解释过,换作任何一个人,他也会出手相助的,大家都是同事嘛,团结友爱是一家。

我也承认,大榆除了长得帅,还有神秘背景,品行确实也不错,慷慨大方、正直善良,又能谈笑风生。即使和他之间只发生过这么一次不为救美的英雄救美故事,还是在心里不知不觉萌生出丝丝爱恋,但我怎么敢开口呢。和他同一个办公室都使我觉得呼吸困难,更何况面对他,那还不得进入真空啊,我不敢想象。

不是没有姑娘鼓起勇气向他表白,每次大榆都以不想早早结婚为理由拒绝。时间久了,大家都猜测是家里早就有给他安排好了的结婚对象,既然人生梦想都可以安排,更何况一个姑娘呢。

我竟然听信了这些传言,觉得大榆可怜可悲起来,我决定做些什么。每次给大榆送好吃的,便给全办公室的人都准备一份。大家都夸我手艺好,将来谁娶了我谁有口福。我充满期待地望着大榆,大榆只是笑笑说味道不错。

教师节时,我收到一朵康乃馨。大榆笑着对大家说,竟然有学生给体育老师也送了花。他说一个大男人,留着花没用,于是每个女性的桌上多了朵康乃馨。我特意网购了一只精致花瓶,插上已有些枯萎的花。后来枯萎成干花,我也没舍得扔掉,带回家一直放在书柜里。

日子徐徐行进,我当老师也顺心顺手起来,每天都能看到大榆,不时和他分享些好东西,也不时收到他发给大家的福利,觉得如此这般也很满足。突然一天,听到大榆要离开的消息,我惴惴不安。

设想各种向他表白的方式,被自己一一否定。要表白也是男生先向女生表白啊。我骨子并非传统女孩,如果知道他也喜欢我,也可主动表白。我怕的是,表白只会遭到他的拒绝。不表白尚且可以说说笑笑。大榆走的那天,同事们一起为他送行,我埋在人群里,不敢与他对视,只是远远地把他看了又看,拼命记在脑海里。

3

没有大榆的日子分外漫长,办公室的气氛也不如先前活跃。最期待的是每天下班后,打开同事群里,看大榆今天又发来什么搞笑逗乐有营养的小视频。群里因大榆不时发红包变得活跃起来。网络上的闲聊,大家随意放松了些。常开些小玩笑,也有八卦大榆的。更有直接问大榆:到底喜欢哪种女孩子,我们都改,成不?

大榆只是简单一句:"温柔的,以我为依靠的。"

我心想:"明明我就是嘛,可为什么我们走不到一起呢?"

有天大榆突然在群里发:"明天回来,亲们,你们让我想死了。"

我一下愣住了,继而是狂喜,做什么都如沐春风。立马把自己洗得干干净净,在衣柜里挑选最有魅力的衣服,捧读一本书,要把灵魂也擦拭得明亮通透。也许,大榆会看穿它。

一整天大榆都被别人包围,根本没我什么事。我强颜欢笑,度过了非常糟糕且漫长的一天。拖着筋疲力尽的步伐往家走时,大榆忽然出现在我面前,吓了我一跳。

"回家吗,有些话想和你说。"大榆不顾我的吃惊说道。

232

　　心中虽有不满，但看到他，也只是温柔点头。出于害羞，还是补了句："有什么话，微信里可以说。"

　　"有的话，一定要当面说。"他的眼神很坚定。

　　"那就在这儿说吧。"这是一条僻静的小路，大多数人会从大路去往镇上，我平时走路，又喜欢清幽。

　　"很久以前群里的一条微信你还没回复我。"他一说我便想起是哪条，但还是问了哪条。"为什么你喜欢的杧果，我却讨厌？"

　　"我怎么知道。"

　　"我……喜欢你。"他突然冒出这么一句。我以为听错了，"什么？你再说一句。"

　　"我讨厌杧果，但你给我的杧果我都吃了。说实话你分享大家的食物实在不合我胃口，但我都吃了。害怕突然表白会吓到你，铺了长长的垫，等了很久，你却一直没有向我走来，只好我向你走来。"

　　"我……"脑袋一片空白，幸福来得太快。很多话冲到心中，不知该说哪句。冒冒失失问："为什么是我？"太难以置信。万一是他跟别人打赌来逗我开心呢？

　　这时他的手机响起，他没有接听，而是把手机放在我面前。我仔细听铃声："躲开你眼睛，我屏住呼吸，怕不小心泄露心机，我多想告诉全世界，你就是我埋在心底的秘密。"

　　后来我才知道大榆只是去培训学习，故意传出消息，是想看我的反应,后从同事那了解到他离开后我的处境,这才决定向我告白。他已确定我也喜欢他。

"很多人问我和教育局某高官的关系,我只告诉你。我是个孤儿,从小被人抛弃,后来被这里一个善良的农民收养,在这里读书。我初三那年,我的养父母外出干活,帮人挖树苗,不巧的是,树很高大,碰到高压线,我养父不知,触电了,我养母情急之下去拉他结果两人一起触电身亡。"大榆也告诉了我他的身世。

"这件事处理起来不太公平,我不服,给教育局局长写了封信。当时逻辑混乱,怎么会给教育局局长写信?总之,就是有人来看我,这个人就是后来一直支持我读完高中、大学、你们口中的某位高官。他已退休,我常常去看他。我留在这儿,不想离养父母太远,这儿有我太多美好的回忆。你呢,不会是因为我才来到这儿的吧?"大榆反问我。

说出来大榆也不会相信,我是冲着8年前的大榆而来。他写给局长的那封信我恰巧读过。我小心翼翼了十年,兜兜转转,只想和你有个美好的结局,为了这个结局,我愿意付出所有,一步步,一点点,靠近你,近到你我咫尺,近到有一天,你和我都不必小心翼翼,因为不小心翼翼,我们也不必担心会失去彼此。

谢谢你，一直不离不弃

安如墨

都说"前生的五百次回眸才换来今生的擦肩而过"，那么请问，前生每对夫妻回眸了多少次才换来今生的相遇相知？我不知道木棉花能开多久，是否值得去等候；我不知道流星能划多远，是否值得去追求；我只知道，你对我不离不弃，我便对你生死相依。

每个人都在寻找着自己认为最浪漫的爱情方式，有的人喜欢成天说着"我爱你"甜言蜜语的浪漫，有的人喜欢时不时变新花样寻找新鲜感的浪漫，有的人更是喜欢在公众场合秀恩爱的浪漫。

其实，这些都不是爱情的真谛，真正的爱情不应该拿出来晒的，它是藏在心底，只能彼此感应的另类情感。好的爱情他会牵起你的手，为你煲粥，与你静守黄昏，成天挂在嘴上说的，反倒让人不踏实了。

琳琳半个月前发了一张孕照外加一段话给我，她说："现在的我是最幸福的，有他，有我们的孩子，我相信没人比我现在幸福。"

我相信琳琳现在是最幸福的时刻,有她爱的老公,还有他们期盼的宝宝。

琳琳结婚也只有半年左右,在她决定和她老公结婚的时候,我曾问过她,决定了,认定他了,不后悔?

琳琳很肯定地告诉我,决定了,认定了,非他不嫁。

我更是不明白,问其原因。她说:"很简单,他的朴实、善良、不离不弃是我看上他并决定嫁给他的最大动力。"

琳琳的答案让我找不出任何话来对接,因为我太了解琳琳的情感史了。

琳琳之前有过一段长达两年的恋爱,当初爱得是死去活来。

那时的他们,很相爱,成天在朋友们面前秀着各种各样的恩爱,人前人后,羡煞旁人。那时的我们都以为他们会这样一直走下去,走到爱的永恒。可结果,他们也难逃分手的结局。

我们都曾追问她分手的原因,琳琳什么都没说。后来,她悄悄给我发了短信,她说,以前的我不相信爱情会让人觉得疲惫,现在我相信了,再浪漫再华丽的恋爱,在你需要的时候他来不到你身边,递不了你一份真情,感受不到一份温暖的爱情,我宁可不要。

琳琳说,她承认,她爱他,付出了全部的真心。可每次她遇到事,心情不好时,他没有一次在她身边,事后他还会说她矫情,不善解人意。

　　一次次的失落,一次次的寒心,让琳琳没有了再爱下去的勇气,她很直接地提出了分手,无论男友怎么哀求,她都不再动摇。

　　她的男友找不到琳琳,干脆就找到了我们,追问我们其理由,我回答得很简单:"爱一个人不是光是嘴上说说就可以,要付诸行动,否则你就只能单打独斗一辈子。"

　　话好像说得很简单,可却直中要害。好的爱情不就是两人心心相通,相互体贴,彼此不离不弃吗?可这种人生感悟,需要我们去细细体会,爱情也好,婚姻也好,激情过后终究会归于平淡,好的感情只需要一个眼神便足以知晓彼此的心意。好的爱情,他会牵起你的手,顿顿问她粥可温,日日与你立黄昏。

　　对于琳琳的选择,作为朋友的我不好多说什么,唯一能做的就是希望她找到一个她心中的白马王子,过上幸福美满的生活。

　　事实证明琳琳的决定是对的,经过一年多的时间,琳琳迎来了她的大喜日子。结婚前几天,琳琳给我带来了她的请帖,说实话,很突然,因为我真不知道她开启了第二春,但她很坚定地告诉我"确定了,认定了,这一生,非他不嫁"。

　　在婚礼的当天,我见到了新郎,高大,帅气,阳光,着一身白色的西服,很是好看,给人的感觉很温暖。婚礼仪式上,新郎一直紧紧地握着新娘的手,那种坚定,让我深深震撼。

　　琳琳说她和新郎的相遇是她最出丑的一天,那天是朋友聚会,个个都是成双成对的,只有她和新郎是一人前来。气氛的带动,让琳琳想到了自己的那份初恋,不由得喝了很多酒,她一个劲地喝,他就一个劲地看着她。

琳琳觉得被人这样看着烦躁,抓起酒杯就往嘴里灌,没想到喝到嘴里的全是白开水,在那一刻,正好对卜新郎的眼睛,以及小声的话语"没有什么事情是想不开的,别拿自己的身体出气"。

琳琳没说话,只觉得无颜面待在那里,便起身去了洗手间,没想到新郎却跟了上来,看着她去洗手间,看着她走出大门,以及看着她上了出租车。

都说爱到了极致才会心甘情愿嫁给一个人,琳琳说她嫁给他却不是因为爱,而是因为他对她的不离不弃。

从一开始的关心到无微不至的照顾,再到心甘情愿的付出,她相信,她会完全释放她的爱回馈于他,让那份爱化为绵绵细雨伴他天长地久。

婚礼上,我看着琳琳满脸洋溢的幸福,我知道她一定会这样一直地幸福下去,一定会。

琳琳说因为他的不离不弃,成就了他们的这段姻缘。对我而言,又何尝不是这样。我从来都不认为那些高调的求婚就是有多相爱,相反,再深的爱都会因为一再的冷漠而变淡。我只知道,爱你,他就会关注你的一切。冷了,他会为你披上一件外套;热了,他会替你轻拭汗水;疲了,他会替你轻轻按摩;夜晚,他会为你盖上你踢掉的被子。

　　我一直都信奉着一种相处方式,就是两个人在一起,我知道你在,你知道我在,但是可以彼此专注于自己的事,而互相不打扰,偶尔抬头看看对方,不禁觉得生活竟是如此美好,只因你一直在我身边,对我不离不弃。

　　都说"前生的五百次回眸才换来今生的擦肩而过",那么前生一对夫妻回眸了多少次才换来今生的相遇相知? 我不知道木棉花能开多久,是否值得去等候;我不知道流星能划多远,是否值得去追求;我只知道,你对我不离不弃,我便对你生死相依。

缘靠天定，分靠人尽

安如墨

一生中，总有一些不经意的深情错过了花期，总有一些海誓山盟辜负了韶华。但舒丽却很幸运，没有错过深情，没有错过花期，更没有错过海誓山盟。她更幸运地得到了他一生的承诺："哪怕我们白发苍苍，我也爱你被岁月摧毁的容颜。"

好朋友舒丽在微信里说自己终于将自己嫁了，还附上了一张和他的合照。照片上的人不是别人，就是周礼放。

舒丽，个子高挑，漂亮而又骄傲的女孩，是我们高中时的班花，成绩非常出色。

周礼放是我们班的班长，本人虽不是很帅，但却是个暖男，而这个暖男喜欢上了舒丽。

当我们得知周礼放在追求舒丽的时候，我们姐妹团真是羡慕忌妒恨，当然更多的是惊奇。周礼放和舒丽属于两个不同的极端。

周礼放温文尔雅，在我们班做班长，既体贴又温暖。舒丽的脾气是火爆筒子，稍微不合心意就会爆粗口，这也是为什么舒丽虽然是班花，可是却没有男生敢表达爱慕的原因。

如今他们这一对组合，擦出了火花，像模像样地谈起了恋爱。

两人在一起后，舒丽每天的一日三餐变得很准时，就算舒丽说自己不饿，不想吃，周礼放也会将食物买来递到她手中。

更让好友们感动的是，在舒丽生理期的时候，身为男朋友的周礼放会贴心地送上自己亲手煮的红糖水。身为班长的他，本来事情就多，可是无论他多忙，这事他都不会忘。还说如果这都做不到，那哪能称为男朋友？

虽然好友们调侃他，但不得不承认，那是因为羡慕！

然而两人的感情路并没有走得太长。大三那年，两人感情破裂，破裂原因简单得不能再简单。

那是大三下学期寒假，二月十四号情人节，两人本来是很开心地去看了场电影，回来的时候在路边看见卖麻辣烫的，舒丽一时嘴馋，想吃几串，但周礼放不同意她吃，理由是路边摊东西脏。

刚开始舒丽是没有生气的，虽然是情人节，虽然没有吃上麻辣烫，但周礼放如此关心她，她很开心，同周礼放分开后，便很高兴地回去了。

晚饭后，和好友们逛街回来后，在同样的一个路边摊上，舒丽看见周礼放和一个漂亮女孩吃麻辣烫，漂亮女孩还一把抢过周礼放手里的那串吃了起来，两个人看上去很亲密的样子。

我们面面相觑，拉着舒丽想离开。但是舒丽那火暴脾气，此刻是如同点燃的爆竹一样,二话不说,冲过去就给了周礼放两个嘴巴子,之后便拉着我们头也不回地走了。

后来马上就要毕业了,大家都紧张地忙着各种事,他们的事情也就淡了下来,不过猜得出,他们肯定分手了。因为再也没有见过他们两个出去约会了,班长也不再嘘寒问暖了。

大学后,他们也选择了不同的职业。舒丽选择了模特,周礼放选择了医学,虽然时不时搞个同学聚会,不知是老天作怪,还是他们自己回避,两人终没有再见。

看到微信里面舒丽说的重磅消息,我们同学群里那冉冉燃烧的八卦小火苗烧了起来,这里面肯定有故事。百般追问下,舒丽才慢吞吞地把之后的故事告诉了我们。

半年前,在一次时装秀的发布会上受了伤,被送去了附近医院救治,在病房里,舒丽见到了久别的周礼放。

舒丽说,当时的她是从未有过的紧张。

我们也明白她当时的心情。谁没有恋爱过,谁又没有失恋过?当相爱的两人分手后再经过几年来一个偶遇,换谁谁都会紧张。

舒丽说,如果换作别的人,哪怕是假意的嘘寒问暖也应该有吧。然而他们两人却是外星人的外星人,除了相互点头外,竟一句话也没有多说。

听到这里的时候,我禁不住笑说舒丽,说她明明就在乎人家,还在那里装清高。

舒丽外加一个打人的表情开骂:"还想听的话就给我把嘴闭上。"

于是乎,群里又是一片安静,听着舒丽慢慢道来。

接下来一段时间,舒丽没有再见到过周礼放,心里有种说不出的空落,她将这种空落归根于工作压力大。直到两个月后在一次活动中再次与周礼放相遇,她才知道,有个人一直在她心里,挥之不去。

今天的周礼放依旧穿着得体,不一样的是他身边跟了一个漂亮姑娘。那姑娘她也认识,说认识也算不上,只是见过一面,就是几年前在路边摊与周礼放一起吃麻辣烫的姑娘。

此时,两人站在一起,男的俊,女的靓,格外的养眼。在那一刻,舒丽心口生疼,只是骄傲的性格不允许她低头,她大方地走到两人面前,伸手示好:"好久不见。"

那姑娘也是笑脸迎人:"好久不见。"然后点头往周礼放身边走去,从自己身上取下一个像吊坠一样的东西挂在了周礼放的脖子上,嘴上还念叨着:"这个是我们家的传家之宝,妈妈让我一定要记得给你戴上,你可要保管好它,千万别弄丢了。"

格外亲昵的态度让舒丽浑身不自在。她跟我们说,这是她入行以来第一次夺门而出。她本就是个骄傲的人,虽说与周礼放分手是她自己提出的,但她知道自己仍喜欢着他,这么些年,虽没有见过面,但知道他从未谈恋爱,也没有异性朋友,有时她会天真地以为在他心里,她的位置依然存在,却不曾想一切都只是自己的猜测,他已经有了心里最重要的人。

活动期间,舒丽看着那姑娘一直跟在周礼放身边,那样的小鸟依人,让舒丽格外刺眼,刺眼到心口生疼。中途,舒丽去了休息室,一会儿便有摄影师跟了过来。舒丽的心情不好,语气低落:"我现在不想拍摄,你下去休息吧。"

摄影师忽然伸出手,拿过一包纸递给舒丽:"想哭的话不要憋在心里,偶尔哭一哭也是一种发泄。"

舒丽一听,愣住了,因为站在身边的摄影师正是那个姑娘。

"怎么会是你?"

姑娘连忙解释:"我叫周安然,我知道你并不想看见我,但是如果你听了我下面说的话后仍不想见到我,那么我会自动离开。"

她说得一本正经,不像是开玩笑,舒丽愣了好半天也没给回复,然后便看到周安然拿出一只录音笔,按下了播放按钮,一对男女的对话从录音笔里传来:

"礼放,你真的打算这样耗下去?"

"姐,我现在唯一能做的就是不去打扰她。"

"你明明还喜欢她,为什么不向她解释当年的误会,如果不是我……不管怎样,我希望你能好好善待自己,你这样为她付出她根本一无所知,难道你真想这样一个人过下去?"

"姐,不用担心,能这样守在她身边,我已经很满足了。"

男的出自周礼放,女的出自周安然。

舒丽一瞬间蒙了,原来周安然竟然是周礼放的姐姐。在周安然口中,舒丽得知,从小周安然就体弱多病,还有先天性心脏病。那年她身体不适,胃口不好,想吃点口味重的东西,周礼放才同意她去吃路边摊,只是碰巧被舒丽撞见,引来误会,两人就此分手。

周安然想过要去解释,周礼放不同意,他不想让任何人知道姐姐的隐私,哪怕那个人是舒丽。但周安然知道自从两人分手后,周礼放变了很多,不爱说话,不爱出门,在家一待就是一天,看的网页全是关于心脏病的案例。

后来周礼放去学医,周安然知道他是为了她。时光流逝,原本以为周礼放已经放下了过去。可一年前周安然意外地发现,周礼放电脑浏览的网页里有舒丽的专访。这才知道原来他从未放下过那个叫舒丽的女孩,不但如此,还知晓了在舒丽的事业上,周礼放帮了不少忙,只是从未让舒丽知道。

周安然想要自己的弟弟幸福,于是开始注意舒丽的动向,给周礼放戴挂坠,是她故意的,目的只是想试试舒丽的反应,效果让她很满意,这也是她来找舒丽的目的。

听完讲述的舒丽早已泪流满面,她从未想过,自己可以得到这样的一份真爱,他为她做了很多,她能做的,就是全力去迎接他。

接下来,舒丽做了她这一生都没做过的一件事,那就是亲自登门造访,拉着周礼放去扯证。

后来,舒丽与我们这些好友聚在一起,周礼放也在,都是些老同学,说话都是老不正经,也有人挖苦舒丽:"好马可不吃回头草,我说舒丽,这可不是你的风格!"

舒丽笑说:"曾经我只相信缘分由天定,但现在,我更相信,缘靠天定,分靠人为。这一生有他在,我相信我会永远这么幸福。"

言语间的幸福与甜蜜传递给了我们每一个人。

是啊,一生中,总有一些不经意的深情错过了花期,总有一些海誓山盟辜负了韶华。但舒丽却很幸运,没有错过深情,没有错过花期,更没有错过海誓山盟。她更幸运地得到了他一生的承诺:"哪怕我们白发苍苍,我也爱你被岁月摧毁的容颜。"

对陌生人的善意心存感恩

一介

如果爱，就要真爱，如果不是，就永远陌路，绝不做现实中最熟悉的陌生人。他离开后，我仍旧信任陌生人，和陌生人相处得很好，因为只一面之缘，掏心掏肺很容易。

"亲爱陌生人，欢迎敲门，两个人变成一个我们……"路过陌陌的那一天，她的房间正播放着丁当的《亲爱陌生人》，音量不大不小，洒满房间每个角落的同时，正好传入房子外我的耳朵里。

那时，我正对着爬满墙壁的绿色植物自拍。

1

久水虽有古镇风范，多数房子仍保持旧风貌，却并没有发展成为旅游胜地，只是经一些美院学生或摄影爱好者偶然发现，口口相传。我是从同学室友男朋友的个人主页上看到的，于是决定独自去看看。

为什么独自一人？第一我暂时没男朋友，第二暂时没好朋友，第三，独自一人惯了。我不是美院或摄影专业，我是理工女，偏偏有个文艺病，平时爱写些逻辑之外毫无逻辑的鬼故事。格外喜欢老房子里的阴气。

陌陌家院子外生机勃勃的绿色爬藤植物,我格外喜欢,与老屋的旧、陈、古形成鲜明对比,而从屋内传出来的音乐更显得格格不入。我有种多重穿越的梦幻之感,各种故事在我脑海中构筑、重叠,我沉醉在自我编织的世界里。

一连几个周末,我都如赴约般赶来。山区里的天说变就变,原本还是蓝天白云,突然就大片大片乌云压境,我太过陶醉而不自知,待到雨点打落到身上,才恍如从梦中惊醒。

那时,陌陌就在二楼的窗口见我淋成落汤鸡。她正在二楼画画,画她窗外的风景,画在雨中仍旧如痴如醉的我。

就是在那个雨天,陌陌打开门,手里撑着一把油纸伞,笑吟吟地走到我面前,把我也归入她充满江南风韵的伞中。雨"啪嗒啪嗒"打在伞面上,我道了声谢谢。她客气地问:"不知道下雨吗?"我摸了摸脸,不好意思地点点头。"为什么不躲雨?""淋雨有淋雨的乐趣,我需要有写淋雨的感受。"话脱口而出,久不与人打交道,让我显得笨拙而真诚。

"好,我们不躲雨,只是到我的屋子喝杯热咖啡,防止感冒,我想你绝对不会缺少感冒的写作体验。"

我仍旧不好意思地笑笑。以前 QQ 上有朋友对我的评价"才女、宅女、蠢女",可谓一语中的。

"书里不都是写喝红糖姜茶防止感冒吗?"我不解地问,这便是我蠢的由来。不懂就问，一问就显得特蠢。朋友教过我很多次，要装深沉，不懂也得装懂。最后朋友放弃了，只丢给我一句"朽木不可雕也"。

"因为我只有咖啡。"

2

陌陌说得不对，她还有酸奶、杜果和面包。这可是她的主食。我得知她是一个手工爱好者，在市区有自己的工作室。一周去一次市区，添置食物和做手工的材料，主要以文艺风的首饰挂饰衣服鞋帽为主。

我看得有些惊呆。"选一件吧，你的衣服都湿了。"

在偌大的衣服柜里一排排挑选，有种皇帝在三千嫔妃中选其一临幸的感觉，觉得每件都很美，选不出，只好学皇帝翻牌。我闭上眼睛随手停在一件湖蓝色的长裙上，上面画有洁白的茉莉花。

"为什么对陌生人这么好？"我猜衣服价格不菲，便问。

她指着窗口画架上的画，"为答谢你做我的模特。"我吐吐舌头，看画上的自己，不敢相认。"画能送我吗？"

"不能，你已经选了衣服。"

"那我不要衣服，选画。""还是不能。我对陌生人的善意到此为止。"

"那我们以后做朋友。""我不需要一个作家朋友。"

"我不是作家,我是学生,你看我的学生证。"

陌陌摆摆手。这时咖啡机已在煮咖啡,香味四散。我换好衣服出来,便见陌陌坐在原木桌上,她示意我过去。待我坐下后,把咖啡移到我面前。"咖啡要趁热喝。"我点点头,端起来,呷了一小口。

陌陌一面喝一面娓娓道来:"既然是陌生人,也不怕告诉你。事实上,我的故事只告诉陌生人。在我的人生历程里,近乎变态地相信陌生人。

"我的故事很长,长话短说,你负责的部分是,那些陌生人的故事。对,我与陌生人之间发生过很多故事。仅仅一年前,我还是个喜欢行走在路上的女孩子,常常招手搭陌生人的车,和陌生人交谈,发生短暂的爱情或友情。不管我多么喜欢某个人都不会留下联系方式见第二面的。

"凡事总有例外。那个男子让我有再见的冲动。他其实很糟糕,从家里出走的路边卖艺男孩,有着风一样的速度和激情,也有着风一样捉摸不定的性格。我爱他爱到痴狂。和他一起在街边卖唱,过着清苦却放荡不羁的自由生活。我们像有钱人挥霍钱财那样尽情挥霍青春和爱情。

"奇怪的是,彼此熟悉之后,反而显得陌生。有一天他突然失踪了,只留下一张纸条。纸条上写:陌陌,宁愿和你永远陌路,也不要成为最熟悉的陌生人。

"其实这也是我的想法,如果爱,就要真爱,如果不是,就永远陌路,绝不做现实中最熟悉的陌生人。他离开后,我仍旧信任陌生人,和陌生人相处得很好,因为只一面之缘,掏心掏肺很容易。曾和一个路边看书的乞丐谈马尔克斯,和一个酒鬼大骂残忍的现实,和一个路边刷广告的女孩分享彼此的秘密……做过太多无厘头的事,每一件都痛快淋漓,感觉是对现实生活报复成功的一种快感。

"年轻过,任性过,疯狂过,青春已老,现在过着写写画画匠工的日子,每天都很忙碌,爱情啊梦想啊什么的,根本挤不进来。这所房子是我外婆留给我的,当时还不肯要,一直空着,一年前忽然就想住进来。

"还是会有很多人,他们和你一样好奇房子里的我,我也会邀请他们来喝咖啡,听我说故事,或听他们的故事,就像现在你我这样。

"所以,现在,讲讲你的故事。"

3

我连忙摆手:"我没有故事。""把你心中最苦闷的倒出来,放心,我不写作,不会泄密。"

"我是一个蠢丫头,人人这样说我。异想天开,几乎没什么朋友,常常一个人行走在奇怪的地方,也遇到过一些陌生人。比如有次,一个男孩,见我大热天在路上走,想要送我回家。我拒绝了,他就一直跟着我缠着我,坚持要送我回家。最后没办法,只好上了他的车,他把我送到家才离去。

"没有要我的联系方式哎,之后再也没见过。还有高中一次夜里,父母吵架,闹得我睡不着觉,再也不想躲在被窝里悄悄流泪,拖着拖鞋,穿着睡衣就走到大马路上了。半夜三更的,很冷,也很恐怖,我依旧不愿回家。看到路边一个男的,吓得拔腿就跑。晚上女孩子千万别在路上走,这是真理。我无可奈何。

"一位出租车司机发现了我,起初他以为我要坐车,我摇摇头。他摇下车窗看到我满脸的泪,问我是不是和父母吵架离家出走了,我仍旧摇头。他要送我回家,我不肯,最后还是他赢了,安全送我到家,一路上宽慰我,还提醒我以后对父母有意见,一定要当面提出来,千万不要半夜出来,会有危险的。"

说到这,我眼眶湿润。

陌陌道:"别人不懂,为什么我们宁愿相信陌生人,从陌生人那里获取温暖,对陌生人的善意心怀感激,那是因为,我们熟悉的家人、朋友、恋人一再伤害我们。很多熟悉的人,会突然摘下面具,陌生得难以相认,而陌生的人,反倒不存在利益之争、情感之纠葛。我不时都会回忆起陌生人给过我的温暖。所以,现在的我,宁愿把这份陌生的温暖传递给陌生人。"

我起身告辞,陌陌也站了起来。我笑道:"为了表示感谢,我能拥抱下你吗?"陌陌笑着向我走近,张开双臂,给了我一个大大的拥抱。

我在她耳边道："我们都是幸运的女孩，遇见的陌生都是美好的、温暖的，愿我们一直如此幸运。"

"一定会。"她用力抱了抱我，随即分开。

这是我人生中第一个拥抱，一个陌生人给的。

过了今天，你将转身离去，你只是我亲爱的陌生人；过了今天，我将转身而去，我只是你亲爱的陌生人。

陌生的只是面孔，面孔上有我们熟悉的相通的善意，在这份善意里，还包裹着一颗感恩的心。

亲爱的陌生人，欢迎敲开我的心门，两个人变成一个我们。

时光匆匆难留,喜欢就别放弃追求

花底淤青

既然喜欢,为什么要放弃追求?时间正是在犹犹豫豫之间消磨殆尽。反正,我要在四五十岁的时候,光彩照人地说:"本宝宝可是有追求的人!"

1

年华清浅且溢彩, 在似水时光之中蹉跎老去是令人极度害怕的。岁月不饶人,我希望迟暮之后,依旧是一个美人。

何谓美人?

美人有三种,一种长相好,一种气质好,一种不美也吸引人。

第一种乃是天生,被人谬赞也是最肤浅的赞赏了,夸的不是你有何本事才能,而是皮相好。这就像看见一款包包,人们说:"这颜色真好!"但料子不好,到手没多久就扔了。

第二种是后天修炼。瑜伽、舞蹈,各种形体训练皆通通吃进腹中,举手投足像是在跳一支天鹅舞。毕竟是经历过努力,所以可以获得人的悦目与欣赏,但不至于喜欢。

我称第三种人为敬爱。或没有精致面庞,或没有玲珑有致的身姿,但就是招人喜欢。哪怕她拔烟撞酒不说话,都是万番滋味在心头。

这才是纯粹的人格魅力。

2

作为一个活得像汉子的年轻女性，我最讨厌畏畏缩缩的女生。

曾有人问我："小鸟依人型女生不是更讨人喜欢吗？"

提这话的人真该吃一记当头棒喝。这是什么年代？女人需要裹三寸金莲吗？什么小鸟依人，咱们要大鹏展翅，活得比男人还潇洒痛快，吃吃喝喝自己做主！

若有人鄙视你，你就昂头挺胸地答他："咋啦，我是吃你的还是喝你的？"

李筱懿在《女人过了三四十就不值钱了》里写道：有一些女性非常喜欢"女人过了三四十就不值钱了"这样的论调，那是因为她们二十岁的时候也一样不值钱，并且试图拉其他女人下水。事实证明，同样是三四十岁甚至五十岁，美丽的女性依然美丽，优雅的女性依然优雅，坚韧的女性依然坚韧，而三八依然是三八。

初次接触女性文学时的我，发掘这段话，真如醍醐灌顶，自我感觉智商与情商都在"噌噌噌"地飙升。

我做过医匠，认识一女友，她属外科。

我叫她"猫"。猫有一张长脸，五官端正，普普通通的模样，她

255

总是活跃至极,近十年消磨下来,丝毫不减锐气锋芒。

要知道,待在外科的女生普遍性情爽快,问题像手术一样"咔咔"两刀解决,有一说一,从不喜欢兜圈子。

可俗话说:女人堆里是非多。事实证明,确实如此。白衣天使基本是医科女的代名词,可想而知,女性之多,中间难免有些磕磕绊绊。

猫的老公是个外企公司的经理,成熟稳重,和她在一起,像是爸爸和女儿的关系,周到照顾与调皮捣蛋,生活也是万分可爱。

有一回猫受了欺负,本该给她的奖金却被另一个初来乍到的"后门"拿走了。她气呼呼地瞪眼,心有不甘,却又无能为力。

猫的老公安慰道:"别生气,不行这工作咱不做了,我养你。"

猫转头瞪着老公,眼冒火光,眉宇不甘:"我就不信这邪门歪道能踩扁我的光明大道! 我绝对要赢过她,灭了这鬼事! "

接下来一整年,她将医科书背得滚瓜烂熟,各项操作练到手指生茧,几天夜班加下来,眼圈长时间乌青。即便如此,她还抽空开展一项医学研究课题,每天忙得像个转不停的陀螺。

可自此之后,只要猫上场,临阵从无失误,再复杂的病人都被她治得服服帖帖。

猫的表现超越所有人,她本身也是勤恳苦干的人,不像那些走后门的女娃娃娇滴滴地做事。后来人家都说,外科小猫一出手,就知有没有。

她成了"专家号",外科顶梁柱,无人不服。

我抽空问猫:"你怎么这么拼,不累吗?"

她说了句令我印象深刻的话:"我喜欢钱,更喜欢打胜仗,所以累也要拼,喜欢就别放弃追求!"

我愣了一愣,随即哈哈一笑,道:"你这是在教我生活,还是变相催我交个男朋友啊?"

猫说:"说正经的,我也是奔三的人了,不努力,等到年老色衰哪有力气再拼? 虽然我老公照旧喜欢我,但我要其他人都乖乖服气。我就是又年轻又有本事,我就爱看他们忌妒我,但又干不掉我。"

我"扑哧"一声笑,好一朵呛人笑泪的小辣花!

3

科学研究表明,人的魅力源自对于生命中一切美好的追求。如果我们不努力,作为一个当代夹缝中生存的女性,未来结局如何?

我想,你不敢追求那些喜欢的东西,结果会是这样:

二十岁,迷茫度日,逃课是寻常事,窝在一团乱的床上抱着手机看韩剧,可乐当水,薯片当饭,为慢性病埋下伏笔。顺便抽空,羡慕别人成绩斐然。

三十岁,随随便便地嫁人,乍一眼看上去还不错,日子却是越过越不美丽,如鱼刺哽在喉,咽不下去,也吐不出来。故此,还要安慰自己平凡可贵。

四十岁,成为菜市场人人熟知的大妈,为几毛钱的蝇头小利叉腰瞪眼,唾沫横飞,苍蝇落在衣服上,始终懒得驱赶。将好视为坏,吃不到葡萄说葡萄酸。

五十岁,广场舞上见,随着《小苹果》摆弄过度丰腴的腰身,音乐如雷贯耳,老气横秋的衣领里系着一条花哨的丝巾,与风姿绰约的人已不是一个档次。

这多可怕? 有时候,不懂追求的女人,比不懂拼搏的男人更可怕!

我谈谈听说来的一个故事。

一妹子年轻时候貌美如花,可谓倾国又倾城,容似玉环与貂蝉。她秉持的观念是:就算坐在宝马车里哭,也不坐在自行车上笑。

拜金嘛,谁不喜欢毛爷爷呢? 咱们都喜欢,但咱们的喜欢是有区别的。我喜欢双手挣来的,她喜欢从别人腰包中掏来的。

这位貌美如花的女子嫁给了当地一位富翁,快活了几年,LV、爱马仕通通滚入囊中。可惜好景不长,年老色衰后终于由青春靓丽的小三顶替,连自个儿的孩子也被法院判给富翁。

她带着又丑又胖的身体离开,没工作,脸上各种斑点,肚子上还有妊娠纹。从头到尾,她只为一个人渣奉献了身体与青春年华。

　　所以，我想告诉全天下的女性同胞——你的追求别指望其他人替你实现！这句话不止要"重说三"，更要时时刻刻回荡在脑海之中，一分一秒都不能遗忘。

　　天上不会掉馅饼，生命更不会一帆风顺。倘若将自己赌进别人的生命里，那你就是一个可有可无的东西，一个器件，一个好就留、坏就踢的玩物。

　　如果你偏要固执着与命运下赌注，绝不会赢。

　　真正的喜欢与爱，都建立在人格魅力之上，自古以来，就没有发生过旁门左道大获全胜的事情。

　　既然喜欢，为什么要放弃追求？时间正是在犹犹豫豫之间消磨殆尽。反正，我要在四五十岁的时候，光彩照人地说："本宝宝可是有追求的人！"

　　既然喜欢钱，喜欢优哉游哉地生活，凭什么不去追求？唯有追求，才能对得起你这颗贪玩好吃的心。他人的东西，始终是指尖流沙，握不住，一输就是一辈子，活半辈子却是浑身精光，何苦呐？

　　从一而终的，唯有自己。

4

　　曾有一段幼稚时光，我遭受些许细细碎碎的心灵创伤，玻璃心碎了一地，开始自我封闭内心，看这世间都失去颜色，心如死水眼无微澜，自感生无可恋。

某一日喝茶,我问友人:"如果以不快乐换取不忧伤,你愿意吗?"

他头也不抬地答:"不愿意。"茶香袅袅,如痴如醉。

我再问:"为什么?"

他微微一笑,仿若看破尘世:人活着就是为了追求快乐。在追求快乐的途中,我们可以接受忧伤,因为快乐从始至终都是生活的背景。如果两者皆失,还活个什么劲儿呢?

为追求真正的快乐而活,才是人生真谛。

我顿悟,原来失去追求喜欢的心情,是不值得去感受生活的。这个世界有多美丽,在于我们心间存在多少种美丽。如此风情万种,你我皆明了。

我们爱过许多次,痛过许多次,伤痕累累,却依旧相信爱情。得到时,便是"才子词人,自是白衣卿相";得不到,也不过"忍把浮名,换了浅斟低唱",大抵也就如此了。

爱情如此,人生亦如此。

去追求所喜欢的事物,才是我们活着的意义。

路不尽,人未老。驾一叶扁舟奔流到海,追求空旷浩渺与天地玄黄,追求诗与远方,追求幸福的真谛。自此以后,切莫担心,人生海岸显露之时,日光倾城,终会相见。

不管绿肥红瘦,还是正当少年时光,既然喜欢,就去追求吧,像不曾失败一样。

张狂背后是一种很深的压抑

琉璃月

不要奢望着美好会永恒，不要在面对困难的时候就失去了最基本的思考，更不要用张狂去掩饰、去压抑自己内心最真实的东西。要知道，你的张狂，很多时候伤害的不仅仅是自己，还有爱你疼你的家人和朋友。

卢梭曾在一篇作品中这样写道：幸福是游移不定的，上苍没有让它永驻人间。世界上的一切都瞬息万变，不可能寻索到一种永恒。

都说世事无常。在这个世间，真的没有什么是永远的。而我们人类却总是那样贪心，总希望苦难不要降临，希望幸福永远不要离开。

这样不切实际的愿望，毫无疑问的都会以失败告终。梦醒之后，那些荆棘坎坷，痛苦磨难，其实一样都不会少。

在面对苦难时，聪明的人，会调整好心态，或者找到合适的宣泄点。而另一些人，却往往会误入一个怪圈，以张狂的面目来压抑内心最真实的东西。

这些人，他们外表看起来总是狂傲不羁，甚至咄咄逼人。然而,他们内心的压抑,却是我们无法体会的。

她叫小程,是我初中的同学。关系嘛,比普通好上一点,倒是最近经常联系。

她在我们朋友圈里面,算是出身比较好的。她的父亲是一家上市公司的老板,母亲是一位小有名气的钢琴家。不论是经济实力还是家庭背景,她都可以说是很幸福的。

她的性格受温婉母亲的熏陶,很是开朗纯善。那时候,我很喜欢她阳光的笑容,总喜欢和她腻在一起。

后来,因为求学、工作等因素,我们分开了。只是没有想到,当再见她的时候,她已经完全变了一个样子。

那是 2014 年的早秋,我和她再次相见。那时候的她,刚刚结束一场维持了五年,却以背叛告终的爱情。曾经在她脸上的光辉灿烂的笑容,此时已经全然不见了踪迹,整个人都显得很木然。有的时候,和她说话,等你口水都快干了,她才哼哼唧唧的勉强应上两声。渐渐的,我们也就不太爱跟她在一起了,有聚会什么的,也常常会"忘记"通知她。

朋友圈里面倒是偶尔有她的消息,不过,都是些唱 K 酗酒,打架斗殴,进派出所之类的。我虽然觉得有些可惜,但毕竟跟我没多大关系,听过了,也就罢了。

直到去年上半年的时候,朋友聚会,不知道为何,她也来了。当时,我见着她的时候,妥妥的震惊啊,那身打扮,啧啧……

酒红的头发挑染了绿色，上身是暴露的皮衣，连肚脐眼都遮不住，下面是一条紧身的牛仔裤，恨不得把自己勒成个人干。那妆容嘛，浓妆艳抹，恨不得把所有的色彩都抹到巴掌大的小脸上。亲和力就更不用说了，从头到尾就没见她笑过，冷着张脸，活脱脱就跟别人欠了她几百万似的……再没有当年那么一丝丝的阳光纯真。

我看着她啫瑟张狂、冷傲不羁的样子，心里隐隐的不高兴，所以借故提前走了。哪知道我刚走没多久，麻烦事就出来了。因为和另一位新朋友几句话不和，她抬手就给人一酒瓶子，后果怎样，自然就不必说了。

从那时候开始，我觉得她已经不是原来那个我认识的小程了，她变成了我最不喜欢的类型。后来她怎么样，我就懒得再过问了。毕竟我事情也多，加之后来又病重，联系自然就中断了。

直到两个月前，我到华西医院拿报告单。朋友小谢接到一个紧急的电话后，对我说抱歉，说是小程出事了，我们今天的行程要推后。我一愣，脱口而出："怎么？又进局子了？"

小谢微微叹息，是啊，因为打架，又进去了。

我掩嘴，将头转开，假装看风景。暗暗地怨自己，真的是个猪脑子。这个男孩子那么喜欢小程，我却……

我们到的时候，看见小程正窝在一个女警官的怀里，哭得泣不成声。这是我第二次见她哭，第一次还是中学那会儿，她被车撞折了腿,差点残废。

她哭得很伤心,甚至可以说是凄厉。一声声地哀号,让整个警局的人都为她动容。那个中年的女警,就那样抱着她,一句话也不说,但眼睛里,却氤氲着满眶的泪水。

我和同行的朋友,心头都是咯噔一声。以为必定是坏了,摊上大事了!

这时候领路的警官问我们与小程的关系,虽然我们不知道到底发生了什么,可现在也得硬着头皮应承了。好在,并不是我们预想的那么严重,对方只是受了轻伤,赔点钱就能了事,也算是不幸中的万幸吧!

曾经的她不哭不闹,那是因为父母把她保护得很好,像温室的花朵。后来嘛,天天泡吧打架的人,不是一向厉害吗,有什么可哭的。可是,看她哭得如此凄惨,我还真的是丈二的和尚摸不着头脑。

我们作为亲友,签了一系列的手续,然后警官连同我们也教育了一通,这才终于让我们把人给领走了。路上,小谢对她是千般关怀,我却在旁边看着她继续地抽抽搭搭,压根儿就不想搭理她。毕竟,对于不学好的人,我是向来没什么好脸色。

可是,我不经意地瞥见她眼中的一抹神色,似乎是一种很深的压抑。那个眼神,我至今还记忆犹新!这时,我才意识到,这其中必定有我不知道的缘故。也许,我很早就发现不对劲,只是我懒得去在意。

于是,上车后的我问出了第一句话:"那个女警官跟你说了什么?"

她似乎还沉浸在自己的思想里,久久才回答我。那个女警官说:"无论受了多少的委屈,都应当要好好照顾自己。"

我不禁在心中叹息,原来如此!对于她来说,这样的一句话深深地戳中了心中最痛、最柔软的地方。因为,她原本就是压抑着心中的委屈,找不到合适的宣泄口,才导致心境突变的。

有些事情我不好再问,怕她伤心。等送走了她,我才问朋友,她到底出了什么事。

原来,自从那次失恋后,她的心境就受到了很大的冲击。后来,她的父母又闹离婚。原本绅士的父亲,在家里摔锅砸碗。温柔贤淑的母亲,又腰漫骂。整个家,简直就成了人间地狱!

如果是对于一个从来没有感受过那些美好日子的人来说,这倒也就习惯了,或者有着自己的处理方式。可是,对于她这个被从小呵护长大的女孩来说,真的是世界末日!

父母终日的吵闹不休,她是有家也归不得。起初,她在外面躲着不回家,就是想引起父母的重视。可是后来,她发现自己失败了,吵得天崩地裂的父母哪里还记得有个孩子!

于是,她开始泡吧,开始结交狐朋狗友,唱K,酗酒,整夜不归。然后,渐渐的,就发展成了打架斗殴,经常弄得满身青一块紫一块,甚至还会有血痕。

开始的时候,她也跟小谢说过,自己不想这样。可是后来,因为家庭矛盾的升级,她越来越控制不住自己。脾气变得很差,稍微言语不和,就会演变成一场斗殴。

小谢说,其实她心里是很痛苦的。

我点头,表示十分认同。她并不是真的坏,只是找错了宣泄口,错误的以张狂的姿态来压抑内心的痛苦和委屈,从而导致了越陷越深。

好在,经过这件事情之后,她似乎变了。开始推脱那些朋友的聚会,也不再那么暴躁张狂,温和的笑脸多了起来。

不久前,她的父母终究还是离异了。但因为有她的调和,好歹也算是好聚好散了。13 号的时候,她去了芝加哥。当然,同行的,还有小谢。

那天晚上,大半夜的她给我打来电话,说那边中午的阳光正好,笑得十分灿烂。旁边还有小谢的声音,问她喜不喜欢架子上的那顶帽子。

人的一生,不可能永远都是幸福、幸运的,我们总会遇到这样或那样的坎坷。关键就在于,当苦难来临时,我们用什么样的心态去面对、去解决它!

不要奢望着美好会永恒,不要在面对困难的时候就失去了最基本的思考,更不要用张狂去掩饰、去压抑自己内心最真实的东西。要知道,你的张狂,很多时候伤害的不仅仅是自己,还有爱你疼你的家人和朋友。

　　越是苦难,越是低谷,我们就更应当要沉下心来。就像那位女警官说的:"无论受了多大的委屈,都要好好照顾自己!"

　　张狂的背后是压抑,而压抑的背后,往往是更深的苦难!这一切的一切,都在于我们的心境,我们的选择,还有,我们在面对困难时的勇气!